ちくま新書

日朝交渉30年史

和田春樹
Wada Haruki

1680

日朝交渉30年史【目次】

はじめに

日朝国交促進国民協会は二〇〇〇年七月三日に設立された。村山富市《とみいち》会長、明石康《やすし》、隅《すみ》谷《や》三喜男《みきお》、三木睦子《むつこ》副会長を中心とする協会は「二〇〇一年のうちに、おそくとも二〇〇二年のワールドカップ開催までに」日朝国交樹立を実現するという目標を掲げた。そして二〇〇二年九月一七日、小泉純一郎首相が訪朝し、金正日《キムジョンイル》委員長と会談し、日朝平壌宣言を発表した。日朝国交樹立は目前にせまった、まさに協会の希望がかなうと思われた瞬間だった。

だが、遺憾ながら、その年のうちに希望はこなごなになり、日朝交渉は決裂してしまったのである。以来二〇年、国民協会は態勢を挽回すべく、努力をつづけてきたが、事態を変えることはできなかった。村山会長は大分の地に御健在であるが、隅谷氏は二〇〇三年に、三木氏は二〇一一年に亡くなられた。二〇二〇年を迎えた国民協会は私たちの敗北を認め、その歴史をふりかえり、今後進むべき道を考えることをめざすことにした。それは私たちの道であるだけではない。日本国民の道でもあるはずである。

私たちは、同憂の人々によびかけて、二〇二一年春から、二〇〇二年を問い直し、以来二〇年の交渉と活動の歴史を検証する企て、日朝国交交渉検証会議を開始した。ただちに、私たちの検証は、日朝国交交渉が始まった一九九一年にさかのぼらなければならないことに気づかされた。私たちは、日本政府が三〇年間日朝国交交渉をつづけてきて、日朝国交樹立をなしとげることに失敗したことを確認し、その原因を究明しようとした。この過去の交渉史に登場した田中均《ひとし》、山崎拓《ひらく》、金丸《かねまる》信吾、城島光力《こうりき》、首藤《すとう》信彦、有田芳生《よしふ》、槙田邦彦、美根《みね》慶樹《よしき》、蓮池透、吉田猛、小坂浩彰の各氏、この歴史を取材報道した福澤真由美、北野隆一、青木理《おさむ》の各氏からの聞き取りがおこなわれた。

一年半の検証会議の成果をふまえ、国民協会事務局長で、検証会議代表の和田春樹が日朝国交交渉三〇年の報告書を執筆した。そして検証会議参加者一〇人の委員がその原稿を校閲した。本書が日本国民の新たな出発、日本政府のこれからの努力にいささかの貢献をなしうれば、これにすぐる喜びはない。

なおこの過程の主役であった小泉純一郎、安倍晋三元首相からは聞き取りはかなわなかった。安倍氏は本書のゲラが出た直後の七月八日、一人の青年に手製の銃で撃たれ、死去された。本書を読んでいただけなかったのは、残念である。

序章

日本にとっての日朝国交正常化

†最後の戦後処理未達成国——朝鮮

日本は、一九四五年八月一四日、米英中ソ四カ国のポツダム宣言を受諾して、これら連合国に降伏し、日清戦争以来五〇年に及んだ戦争国家の歴史を終えた。戦勝連合国の大部分をなす欧米諸国（米国、英国、オランダ、フランス、オーストラリア、ニュージーランド、カナダなど）と東南アジア諸国（インドネシア、フィリピン、南ベトナム、カンボジア、ラオスなど）とは、一九五一年にサンフランシスコで講和条約に調印し、戦後処理を終了した。

しかし、中国、ソ連など重要な連合国がこの講和条約に参加しなかった。日本はそれらの国々と長い時をかけて交渉し、戦後処理をすすめなければならなかった。まず講和会議直後の一九五二年に中華民国と日華平和条約を結んだ。一九五四年にはビルマと平和条約および賠償・経済協力協定を結んだ。ソ連邦とは一九五六年に日ソ共同宣言を発出して、国交を樹立した。日本が植民地支配した朝鮮の南半分に生まれた大韓民国とは一九六五年に日韓基本条約を結んだ。共産中国、中華人民共和国とは一九七二年日中共同声明を発出し、日華平和条約を破棄した上で、国交を樹立した。北ベトナム（ベトナム民主共和国）とは一九七三年九月駐仏大使が書簡を交換して国交を樹立した。これで戦後処理はほぼ完了し、国交正常化がないままに残ったのは、朝鮮の北半分に生まれた朝鮮民主主義人民共和国だけとなったのである。

しかし、この国との国交交渉は一九九一年にはじまったのに、三〇年が経過してもなお国交樹立にいたっていない。したがって七七年前に終わった戦争の時代の事後処理が完了していないことになる。その結果として日本の隣国の一つ、朝鮮民主主義人民共和国は二〇二二年現在日本が国交をもたない世界で唯一の国のままである。

†戦後日本と朝鮮

そもそも近代の日本が最初に攻め込み、完全に併合した国が大韓帝国であった。一九一〇年、併合とともに、日本はこの併合した国の地域を朝鮮と呼ぶことに決定した。朝鮮植民地支配は足掛け三六年に及んだ。日本国家は一九四五年に米英中ソ四国の発したポツダム宣言を受諾したさい、そこに含まれていたカイロ宣言の「条件」の一つ、「朝鮮ノ人民ノ奴隷状態ニ留意シ」、「朝鮮ヲ自由カツ独立ノモノタラシムルトノ決意」に従うことを受け入れた。したがって、一九五一年のサンフランシスコ講和条約において、「日本国は、朝鮮の独立を承認して、……朝鮮に対するすべての権利、権原及び請求権を放棄する」ことに同意したのである。

日本の支配から解放された朝鮮は米ソの取り決めにより、三八度線を境界として、米軍とソ連軍に分割占領された。三年後の一九四八年、それぞれの占領地域に大韓民国と朝鮮民主主義人民共和国が建国された。憲法上、大韓民国の版図は全韓半島だと宣言され、朝鮮民主主義人民共和国の首都はソウルであると宣言されたので、二つの国家の関係は基本的に敵対的であった。それぞれが統一をめざし、北は「国土完整」と言い、南は「北進統一」と言ったが、その意味するところは武力統一であった。

ソ連軍、米軍が撤退すると、一九五〇年六月二五日、武力統一をめざして、朝鮮人民軍が南に攻め込み、二日後ソウルを占領した。朝鮮戦争のはじまりである。日本を占領していた米軍は、直ちに韓国側に参戦したので、日本は占領軍の要請ないし命令に従って米軍の軍事行動を支援する態勢に入った。その結果、日本は国家意志として参戦したのではないが、准参戦国、実質的参戦国となった。日本から飛び立った米軍のB29爆撃機は北朝鮮軍を粉砕し、北朝鮮を焦土と化した。米軍、国連軍の力で北の武力統一の企てが阻まれると、こんどは韓国軍と米軍が北進して、南からの武力統一の道に入った。一〇月二〇日、韓米軍は平壌を占領した。だが、こんどは、共産中国が北朝鮮側に参戦し、韓国と国連の武力統一の企ても阻まれた。朝鮮戦争は朝鮮における米中戦争に転化した。

この段階で、一九五一年七月一〇日、停戦会談がはじまった。会談が合意にいたるまでに二年を要した。一九五三年七月二七日、停戦協定が結ばれて、停戦が実現した。一九五八年には中国人民志願軍は完全に撤退したが、米軍はのこり、米韓軍と朝鮮人民軍の軍事的対峙が際限なく続いている。

戦争のさ中に、米国の仲介で、日本と韓国の国交正常化交渉がはじまった。この交渉は長い中断をはさんで、ねばり強く続けられたが、ついに一九六五年に日韓基本条約が締結され、日本は韓国と国交を正常化した。

そのさい結ばれた日韓基本条約第三条で韓国は自国が朝鮮半島における唯一合法的な政権であると日本側に認めさせたと主張したが、日本政府はそのような解釈をとらず、韓国の管轄権は南朝鮮に限られるとの認識を保持しつづけた。しかし、日本はそののちも長く韓国とのみ国交をもち、北朝鮮とは国交を結ぼうとしなかった。

†国交なき日朝関係の現実

とはいえ、朝鮮戦争が終わると、日本と朝鮮民主主義人民共和国との間にもさまざまな結びつきが生まれ、交渉もおこなわれた。一九五五年二月二五日南日《ナムイル》外相は日本政府に貿易、文化の関係をひらくことを呼びかける声明を発表した。この北朝鮮政府の踏み出しから、両国の赤十字社の交渉がおこなわれ、在日朝鮮人の北朝鮮への集団的渡航が実現されることとなった。

日本から在日朝鮮人九七五人を乗せた帰国第一船は一九五九年一二月一六日清津《チョンジン》港に到着した。清津の埠頭には万余の歓迎陣がつめかけていた。日本で生活苦にあえぎ、差別に絶望していた在日朝鮮人たちが北朝鮮に希望を賭けて、民族移動とも言うべき行動に出た。帰国者数は翌一九六〇年には、四万九〇〇〇人に跳ね上がった。日本政府の側には、生活保護を実施しなければならない在日朝鮮人を北朝鮮に送り出すことを積極的に進める動機もあった。結局のところ、一九五九年から六二年までの四年間に七万五〇〇〇人ほど、最終的には九万人が北朝鮮に移住した。

一九六五年に日韓条約が結ばれ、韓国と日本が国交を開くと、北朝鮮と韓国の関係が緊張し、日本との関係も緊張した。韓国がベトナム戦争に参戦したのに対抗して、北朝鮮は一九六八年には武装ゲリラをソウルに送り込むまでした。しかし、武装ゲリラは全滅し、早々に北朝鮮はこの路線を転換せざるをえなくなった。

一九七〇年代に入ると、一九七二年には南北共同声明も出た。南北関係は一転して、おだやかになり、日朝間でも民間貿易がはじまった。貿易代金の支払い遅延問題が発生し、貿易は順調にはのびなかったが、それでも日本は北朝鮮にとって中国につぐ貿易相手国となり、一九八〇年には日朝貿易は往復で年間五億五四〇〇万ドルに達した。

†日朝国交樹立の胎動

日朝国交正常化をもとめる動きは一九七一年にはじまっていた。自民党議員が中心になって日朝友好促進議員連盟（久野忠治会長）が生まれた。一九七三年ごろには総評社会党などの革新系が日朝国交正常化国民会議を組織して、国交樹立をもとめる活動をはじめた。しかし、北朝鮮側が「二つの朝鮮論」を認めないという立場を強く押し出すにつれ、国交正常化ということを語ることができなくなり、この団体は八三年には日朝友好連帯国民会議と改称するにいたった。七〇年代の特徴は金大中《キムデジュン》拉致事件や詩人金芝河《キムジハ》救援キャンペーンなどで韓国民主化運動に連帯する市民運動がはじまり、活発になったことである。日韓連帯運動の時代であった。

そのような状態の中で新たに日朝国交樹立をもとめる運動が提起されたのが、まさに一九八四年のことであった。韓国民主化運動への連帯の行動をおこなった日本の市民やキリスト者たちが韓国人の心と願いを理解したところから、一九八四年七月に、日本の植民地支配に対する反省謝罪を表明する国会決議の採択を提案するにいたったのである。中心になったのは、青地晨《あおちしん》、大江健三郎、清水知久、隅谷三喜男、鶴見俊輔、和田春樹ら知識人と中嶋正久、東海林勤《しょうじつとむ》、相馬信夫、深水正勝《ふかみずまさかつ》ら新旧キリスト者であり、和田が起草した声明「朝鮮問題と日本の責任」に一三六人が署名した。

一九八四年七月四日、全斗煥《チョンドウファン》大統領の訪日を前にして発表されたこの声明は、「日本国民は、日韓併合が朝鮮民族の意志に反して強行されたものであると認め、日本が植民地統治時代を通じてこの民族に測り知れない苦痛を与えたことを反省し、深く謝罪する」との趣旨の国会決議をおこない、この決議を韓国政府に伝達し、日韓条約第二条の解釈を修正する、それとともに「この決議を伝達するために、朝鮮民主主義人民共和国政府と接触をもち、植民地関係清算のための交渉をはじめる」べきだと要求した。起草者は一九八三年に北朝鮮がおこなったラングーン事件を深く憂慮し、北朝鮮の緊張を緩和する道を日朝政府間交渉の開始にもとめたのである。だがこのとき、社会党の石橋政嗣《まさし》委員長が要請に対する回答の中でのべたように、このような国会決議を採択することは、まさに「夢物語」であった(1)。

だが東京の運動とは全く関係のないところで、京都でも朝鮮総連京都支部の働きかけを受けて、仏教大学学長の水谷幸正（浄土宗宗務総長）、奥田東《あずま》（元京都大学学長）がこの年一〇月訪朝していた。翌年水谷は日朝宗教者京都懇話会をスタートさせ、奥田は京都日朝学術文化交流協会を設立する。水谷は京都選出の自民党代議士にアプローチし、野中広務《ひろむ》の支持をえた。(2)地道な活動がこのとき独自にはじまっていた。

ところで、ほぼ同じ時、日本の政府の中枢においても、政策変化の胎動がはじまっていた。これは韓国全斗煥大統領の思い切った模索とむすびついた動きであった。クーデターで権力の座についた全斗煥大統領はソウル・オリンピックの開催決定を獲得したこともあり、共産主義諸国のオリンピック参加を確保するために、ソ連と中国に対する接近を狙っていた。そのために全斗煥政権は一九八三年から中国、ソ連との国交樹立、クロス承認案を構想するようになった。このとき、日本では中曽根康弘首相の内閣が誕生し、八三年一月首相は最初の訪問国として韓国を訪れ、全斗煥大統領と会談をおこなった。このとき、全大統領からクロス承認案が合理的だとの説明があった。(3)

八三年一一月中曽根は訪日した中国の指導者胡耀邦《こようほう》に中国との友好をのぞむという韓国の希望を取り次いだ。八四年三月の訪中のさい、中曽根はクロス承認案をもちかけたが、中国の態度は慎重であった。琉球大学の金成浩《キムソンホ》の研究によれば、全政権は八四年一一月二〇日には、秘密名「漢江開発計画（案）」とよぶ「交さ接触」から「交さ承認」へ進むというクロス承認政策文書をとりまとめている。(4) 韓国が中国、ソ連と、北朝鮮が日本、米国と国交を樹立するという案である。

このような交流の中で、中曽根首相の中でもクロス承認案により日朝国交樹立を求めるという方針をもつべきだとの考えが次第に浮かび上がってきたと思われる。ついに一九八五年五月二日~四日のボン・サミットのさいに行われたレーガン米大統領との会談で、中曽根首相は、朝鮮半島の変化をもたらすために「たすき掛け承認」(クロス承認)をおこなう必要があると提案するにいたった。この会談の席でノートテーカーをつとめていた官房副長官山崎拓はつぎのように証言している。

「一九八五年のボン・サミットでレーガン氏と会談する中で、中曽根首相が冷戦構造の解消を進言された。その内容は、冷戦構造が残っているのはベルリンの壁と三八度線であるから、……解消しなくてはいけない。……我々は朝鮮半島の三八度線の解消を進めるということを言われたんです。韓国は中国やソ連と国交がなく、北朝鮮は日米と国交がない。だからたすき掛け承認をやろうじゃないかと、中曽根さんが言われた」。「『たすき掛け承認』は中曽根さんの言葉です。レーガンは国際安全保障政策に通じている方ではありませんので、一度会談を中断しまして、同行していたシュルツ国務長官とワインバーガー国防長官を別室へ呼び、三〇分ほど協議をおこなった。そして会談が再開され、レーガン大統領が「先ほどの中曽根首相の提言を受け入れる」と言われました」。「当時私はブリーファー（記者説明役）でもあったのですが、この部分は記者たちには発表しなかったんです。同行していた安倍晋太郎外務大臣が「山崎君、今の話は外へ出すな」と言われたので、出さなかったんです[5]」。

　安倍外相がそのように発表を禁じたのは、政府部内で討議されていない構想であったので、発表をとめ、中曽根首相にも自制をもとめたのであろう。中曽根首相は生前このボン・サミット時の提案について一度も語ったことはなかった。ただ山崎拓という政治家の記憶の中にのみこの事実はとどまり、九〇年代に取り出されて、日本の政策に影響をあたえることになるのである。

　ともあれ、くしくも同時に、民間でも、政府内でも、日朝国交樹立を展望する新しい発想が打ちだされていたとみることができる。

　ただし国民一般の間では、北朝鮮に対しては関心が低い状態が続いていた。八〇年代には刊行された北朝鮮に関する本は年平均一五冊であった。その中心は北朝鮮批判の本であった。産経新聞社の柴田穂が書いた『金日成の野望（上・中・下）』（サンケイ出版、一九八四年）、ソ連に亡命した北朝鮮人留学生林隠《イムウン》が書いた『金日成王朝成立秘史』（自由社、一九八二年）、北朝鮮に拉致された映画人崔銀姫《チエウニ》・申相玉《シンサンオク》の回想『闇からの谺』上・下（池田書店、一九八八年）などが代表的な出版物であった。(6) 雑誌としては日本朝鮮研究所の佐藤勝巳が、出していた『朝鮮研究』を『現代コリア』と改称して、一九八二年から刊行をはじめた。佐藤は日本共産党員として、新潟で在日朝鮮人帰国運動を助け、上京してから日韓条約反対運動に熱心に取り組んだ人物だが、このときは北朝鮮の厳しい批判者となっていた。北朝鮮についての研究を進める雑誌と称したが、急速に北朝鮮批判の雑誌となった。そのため最初の同人の多くが去り、さほどの影響力は生まれなかったのである。

註

（1）全文は、和田春樹・石坂浩一編『日本は植民地支配をどう考えてきたか』梨の木舎、一九九六年、一七〜二三頁。
（2）魚住昭「野中広務「権力二十年戦争」（第一回）」『Gendai』二〇〇三年一一月号、八四〜八五頁。
（3）『中曽根康弘が語る戦後日本外交』新潮社、二〇一二年、三一〇〜三一一頁。
（4）金成浩「北東アジア冷戦構造変容萌芽期に関する研究――韓国のクロス承認政策を中心として（一九八三―一九八七）」『国際政治』第一九五号、二〇一九年三月、一三〜一四頁。朝日新聞、一九八三年二月七日。
（5）日朝国交交渉検証会議聞き取り、山崎拓、二〇二一年一一月三日。
（6）和田春樹・高崎宗司編著『北朝鮮本をどう読むか』明石書店、二〇〇三年、一〇頁、一九五〜二〇二頁。

第一章

日朝国交交渉の開始と決裂　一九九〇～一九九二

†一九八〇年代末の新情勢

一九八〇年代末には、世界情勢が決定的に転換した。一九八五年にソ連共産党書記長に就任したゴルバチョフのもと、ペレストロイカというソ連の大変革がはじまり、対外政策における「新思考」と「グラースノスチ」(自由言論)を中心に画期的な社会の流動化が生じた。冷戦が終わりに向かい、変革が東ヨーロッパで顕著に進んだ。東アジアでも、フィリピン革命につづき、一九八七年六月には韓国民主革命が勝利するという巨大な変化が生じた。

その中で、八七年一一月二九日、中東のバグダッド発ソウル行きの大韓航空機が消息を絶つという事件がおこった。やがて機はインド洋上で爆破墜落したとされ、乗客乗員一一五名全員が死亡したと考えられるにいたった。この機が寄航したアブダビで降機した日本人パスポートをもつ二人の男女が拘束された。高齢の男はそのさい自決したが、若い女が自決しそこねて生きのこった。一二月一五日に韓国政府に引き渡されたこの女は爆破の実行犯であることをソウルで自供した。一九八八年一月一五日、金賢姫《キムヒョンヒ》と名乗る彼女は国家安全企画部の記者会見に同席し、自分が拉致されてきた日本人女性李恩恵《リウネ》から日本人化教育をうけたと語った。

ただちに外務省北東アジア課の田中均課長がソウルに赴き、この女性に面接した。警察庁の捜査官も事情聴取に赴いた。新聞各紙がこの問題を大きくとりあげた。読売新聞も朝日新聞も、これが事実ならば、主権にかかわる重大事件であり、北朝鮮に適切な措置をとるように申し入れるべきだと書いた。三月二六日日本共産党の橋本敦参議院議員が同院予算委員会で拉致問題について初めて質問をおこない、李恩恵事件も取り上げた。しかし、李恩恵と呼ばれた女性の身元はついにわからなかった。その結果、大韓航空機爆破事件といういまわしい事件のことも、実行犯を教育した日本人女性李恩恵のことも、謎の話として、人々の意識から消えて行ったのである。

七・七宣言

一九八七年一二月によみがえった直接選挙で選ばれ、盧泰愚《ノテウ》氏が大統領に当選し、八八年二月に就任した。新大統領は「七・七宣言」を出し、韓国はソ連、中国と国交樹立をめざす、北朝鮮が日本、米国と国交樹立に向かうことを歓迎するという態度を明らかにした。そのことが大きな変化をよびおこした。

日本の政権は竹下登首相の内閣であり、安倍晋太郎が与党幹事長であった。外務省は谷野作太郎アジア局審議官、田中均北東アジア課長という布陣である。谷野はチャイナ・スクールのエースで、田中はこのスクールの人ではないが、朝鮮問題に特別の意欲をもっていた。それで韓国大統領の「七・七宣言」が出ると、その日のうちに外務省が「政府見解」を出した。

「わが国としても、北朝鮮側が建設的な姿勢を示す場合には、関係国とも密接に協調の上、韓国と中国・ソ連の交流との均衡に配慮しつつ、日朝関係の改善を積極的に進めていきたいが、そのためにも第一八富士山丸問題の解決は前提とならざるを得ない。政府は、これら日朝間の懸案のすべての側面について北朝鮮側と話し合いを行う用意がある。」(1)

ついで八月一五日、土井たか子社会党委員長が二つの朝鮮国家が建国して四〇年の記念の時にあたり声明を出し、朝鮮植民地支配清算の国会決議という市民運動のアイデアを採用して、国会決議の延長線上で北朝鮮との政府間交渉をすすめることを提案した。(2) この声明は土井の友人安江《やすえ》良介が書いた。安江は八四年の和田春樹らの提案をこの声明にとりこんだと語った。韓国のハンギョレ新聞は、土井声明をとりあげ、以前は「ごく少数の知識人の中にあった」声が「日本の代表的な政治家」の発言になったと報じた。(3)

九月八日には、こんどは宇都宮徳馬《とくま》、土井たか子、田辺誠、安江良介、隅谷三喜男、高崎宗司、和田春樹ら三五人の署名で「朝鮮政策の改善を求める要望書」が出された。「政府は、日朝間に政府間交渉をもち植民地支配の清算を行うことを、すみやかに声明し、可能なことから具体的行動にうつることを、つよく要請します、好機逸すべからずです。総理の御英断を期待します」と書かれていた。(4)

一一月一日〜二日、この人々は東条会館で公開シンポジウム「朝鮮政策の改善を求める」をおこなった。報告者は今津《いまず》弘、小牧輝夫、田中宏、和田春樹、前島宗甫《むねとし》の五人であった。最後に司会者の安江が七項目の一致点をまとめた。

このグループは翌八九年三月には、朝鮮政策の改善を求める会として『提言・日本の朝鮮政策』(岩波ブックレット)を刊行した。二〇〇人が署名した新しい声明「政府に朝鮮政策の転換を求める」が発表された。「日本政府が植民地支配の清算を果たすことを明確に掲げること」、「日朝関係の改善は、日本側から、具体的に行うべきであること」の二点が強く押し出されている。(5)

安江はこの声明の線で、社会党副委員長田辺誠を動かし、田辺は竹下首相、安倍幹事長、そして国会対策族として親しかった自民党の元副総理金丸信に働きかけた。

他方で、和田と高崎は中嶋正昭、内海愛子、梶村秀樹、田中宏らと話し、市民や労働組合によびかけて、八九年三月一日から、朝鮮植民地支配の謝罪・清算の国会決議と新しい日朝関係を求める署名運動を開始した[6]。

そして三月三〇日、衆議院予算委員会で、村山富市議員は竹下総理に質問した。これは田辺議員と総理の話し合いで、準備された行動だった。村山議員は「日本と朝鮮民主主義人民共和国との間の関係正常化に向けて、今こそ思い切った政策を打ち出すべきである」と主張し、日朝関係における原点は「植民地支配に対する反省と贖罪《しょくざい》」である、日本政府は共和国と朝鮮民族に対して「一言の謝罪もしておりません」と述べて、総理の見解を問いただした。これに対して、竹下総理は次のように答弁した。

政府と国民は「過去に於けるわが国の行為が近隣諸国の国民に多大の苦痛と損害を与えてきたことを深く自覚し、このようなことを二度とくりかえしてはならないとの反省と決意の上に立って平和国家としての道を……歩んできた」、このことは朝鮮半島との関係において、とりわけ銘記さるべきことだと考えている。現在の朝鮮半島の新情勢の中で、朝鮮半島の「すべての人々に対し、そのような過去の関係についての深い反省と遺憾の意を表明したい」。そして「朝鮮民主主義人民共和国との間においても、朝鮮半島をめぐる新たな情勢に配慮しつつ、……関係改善を進めていきたい、このように希望しておるところでございます」。

田辺誠はこの時訪朝すべく、北京にいたが、そこでこの竹下首相の答弁をうけとり、それを平壌に持参したのである。

†金丸・田辺訪朝団

一九八九年一一月、ついにベルリンの壁がこわされ、東欧諸国の変革が決定的に進んだ。その中でソ連と韓国の国交樹立の時が近づいた。一九九〇年六月四日、盧泰愚、ゴルバチョフ両大統領はサンフランシスコで会談し、国交樹立の方針で合意した。北朝鮮はソ連からの核の傘がなくなると判断した。九月二日、シェヴァルナッゼ外相が訪朝し、韓国との国交樹立を通告すると、北朝鮮側は覚書を渡した。「ソ連が南朝鮮と「外交関係」を結ぶなら、朝ソ同盟条約を自ら有名無実なものにすることになるであろう。そうなれば、われわれはこれまで同盟関係に依拠していた若干の兵器を自分のために調達するための対策を立てざるをえなくなるであろう[7]」。北朝鮮はソ連の核の傘に入っていたが、そこからはずされるのなら、米国の核に対抗して自分たちも核兵器をもつことにせざるをえないと表明したのである。これが北朝鮮が考えた危機脱出の第一策であった。

そして北朝鮮の考える第二策は日朝国交樹立であった。北朝鮮は日本の中に高まりつつある日朝交渉への意欲に期待をかけ、北朝鮮側ともっとも太いパイプをもつ日本社会党の田辺誠副委員長の工作と結びついた。田辺は日本の中で本格的に働きかけていた。八九年の訪朝の折、竹下首相の国会答弁に加えて、金丸信元副総理の書簡をも持参した。田辺は北朝鮮側の交渉責任者、許錟《ホダム》書記、その後任の金容淳《キムヨンスン》書記と折衝を重ねて、自民党の重鎮金丸信とともに訪朝するという企てを準備したのである。

当然ながら、この企てには、外務省を加えなければならない。そのために、日本と北朝鮮の間にあるもう一つのパイプ、吉田猛《たけし》新日本産業社長の仲介で、九〇年三月二八日～二九日、パリで川島裕外務省アジア局審議官と宋日昊《ソンイルホ》労働党国際部指導員とが会談した。(8)

この当時北朝鮮との交渉を求める人々が注目していたのが、一九八三年に第一八富士山丸の船長と機関長が北朝鮮軍人の密航をたすけたという理由で逮捕拘留された事件であった。二人の釈放帰国が求められた。共産党議員が国会質問で提起した拉致問題については取り上げようという考えはなかった。党派的な反発が影響したのか、それとも日朝交渉推進派はみなこんなことをもちだしたら、日朝交渉はつぶれてしまうと恐れていたのかもしれない。

一九九〇年九月二四日、ついに金丸・田辺代表団が訪朝した。アジア局審議官川島裕、山本栄二北東アジア課首席事務官が随行した。総勢五三名、随行記者団三六名の大型の団であった。到着当日の歓迎レセプションで、金丸信は「今世紀の一時期、わが国の行為により貴国の方々に耐え難い苦痛と障害をもたらしたことに対して、心より反省し、謝罪するものであります」と述べた。

九月二六日妙香山で金日成・金丸・田辺の三者会談がおこなわれ、席上、海部俊樹首相の書簡が渡された。金丸信は「親書にもある通り、われわれは過去の歴史に対する贖罪と償いをしなければならないと考えております」と述べた。金日成はこれを聞いて、日朝国交交渉をおこなうことを決断したとして、金丸一人をのこし、トップ会談をおこなったのである。(9)

この結果、三党共同声明が九月二八日に調印され、発表された。そこには「三党は、過去に日本が三六年間朝鮮人民に与えた大きな不幸と災難、戦後四五年間朝鮮人民が受けた損失について、朝鮮民主主義人民共和国に対して、公式に謝罪を行い十分に償うべきであると認める」とあった。さらに「三党は、日朝両国間に存在している不正常な状態を解消し、できるだけ早い時期に国交関係を樹立すべきであると認める」とされ、政府間交渉がこの年一一月中に開始されるように働きかけることがもりこまれた。(10)

この宣言に含められた「戦後四五年間朝鮮人民が受けた損失」という文言はのちに多く

1990年9月26日、日朝共同宣言。訪朝団長の金丸信元副総理（写真左）と田辺誠社会党副委員長（同右）が金日成主席（同中央）との会談に臨んだ（写真提供：共同通信社）

の論難をうけたのだが、北朝鮮としては、朝鮮戦争当時の日本の戦争参加について清算が必要であるとの思いから出た表現であったと思われる。その事実に留意することは重要なことであるとはいえ、そのことについて謝罪し、償うことを日本に要求したことは明らかに行き過ぎていた。金丸団長は抵抗を感じたが、共同宣言を出すことが重要だと考え、そのまま調印、発表することを認めたのである[11]。

なお懸案となっていた第一八富士山丸の紅粉《べにこ》船長、栗浦《くりうら》機関長の釈放をおこなうと北朝鮮側は明らかにし、日本側から土井たか子委員長と小沢一郎幹事長が迎えに来れば、ひきわたすとされた。これはこの年一〇月九日に実施された。

†謝罪ではじまる日朝交渉は国民に受け入れられた

金丸・田辺の訪朝は国内の新聞各紙によって歓迎された。朝日新聞も、毎日新聞もそろって共同宣言を大きく報道した。毎日新聞は「戦後四五年含め「謝罪」「償い」／三党が「共同宣言」／国交の早期樹立を／平和的南北統一求める」と見出しをかかげた。社説も好意的だった。読売新聞の社説は、「日朝関係の構築は慎重、着実に」と述べ、日韓関係への配慮を説いたが、訪朝団の活動が「新時代」を開いたことは評価した[12]。

だが、日朝交渉に反対していた論者たちは、突然に日朝国交交渉へ日本政府が動き始めたため、不意打ちをくらったようだった。『現代コリア』の佐藤勝巳は『諸君！』一一月号に「金丸は何をしに訪朝したのか」を書いた。そこで、「戦後四五年国交がなかった国である。しかも日本とも関係する次のような事件を起こした国だ」として文世光《ムンセグワン》事件、ラングーン事件、大韓航空機事件、アベック拉致を列挙した。「そのような金日成政権を相手に国交〝正常化〟を金丸元副総理が突然熱心に主張し始め、謝罪を、と言い出したのだ。実に不可解な話である」。佐藤が強く反発したのは金丸の謝罪発言であった。同じ雑誌の一二月号にも佐藤は「戦後四五年間「謝罪」すべきはどっちだ」を書き、三党共同宣言で戦後四五年の損失に謝罪補償するとしたのは「「売国奴」の所業」だと決めつけた。朝鮮戦争は南解放のための北の戦争だ。北は「二つの朝鮮」を認めない。日本からカネをとることをめざす。「日本の信用を失墜させる」このような外交交渉に反対する。なぜ性急に日朝関係改善を計るのか。しかし、このような論調は孤立した声にとどまった。

†慰安婦問題でも謝罪がなされた

さらに佐藤たちにとって悩ましい問題が民主化した韓国からつきつけられた。慰安婦問題である。一九九〇年一〇月、韓国女性八団体は、慰安婦問題六項目要求を提起して、日本政府に回答を迫った。翌月、これらの団体は挺身隊《ていしんたい》問題対策協議会を設立する。これに対しても、佐藤は反発した。九一年二月、『現代コリア』一月号に「植民地支配がなぜ〝謝罪〟の対象か」を書いた。植民地支配はどこにでも見られた、『謝罪と償い』が問題になったことはない。日韓条約での経済協力合意は、朴正熙《パクチヨンヒ》が「第二の李完用《イワニヨン》と言われても」と言って、命がけでまとめたものだ。韓国経済の発展に貢献したではないか。ここにおいて佐藤は日韓条約に反対した二五年前の自分の立場を完全に捨て去るにいたった。

一九九一年八月一四日には、金学順《キムハクスン》ハルモニが記者会見をして、自分は日本軍将兵のための慰安婦にさせられたことを明らかにし、日本政府の責任を追及した。このことが日本の政府、国民に与えた衝撃は大きかった。日本政府は、韓国からの声に真剣に対応した。官房長官加藤紘一は一九九二年一月一三日韓国からの主張に応えて努力するとの談話を出し、続いて訪韓した宮沢喜一首相は一月一七日盧泰愚大統領に謝罪し、韓国国会演説でも謝罪した。これに対して、佐藤は『文藝春秋』三月号に登場して、「「謝罪」するほど悪くなる日韓関係——実りなき宮沢訪韓を叱る」という論稿をのせた。

†日朝交渉はじまる

日朝交渉は開始に向かった。予備会談は九〇年一一月三日〜四日におこなわれた。北朝鮮側は「戦後四五年間の償いの問題」を議題に含めることを主張したので、当然ながら対立した。ようやく一二月一五日〜一七日の第三回予備会談で、この問題は経済的諸問題に関する第二議題にふくめるということで合意ができたので、本会談に進むことになったのである。他方で、アメリカが北朝鮮の核開発問題を交渉の議題に挙げるように圧力をかけてきたが、それは国際問題にかんする第三議題があげられていたので、問題にならなかった。

一九九一年一月三〇日平壌で日朝交渉第一回がはじまった。会談の冒頭発言で、中平立《なかひらのぼる》日本側団長は、日本と北朝鮮は戦争状態になかったので、賠償、補償をおこなうことは受け入れられない、ＮＰＴ条約の義務を一日も早く履行するように希望すると表明した。これに対して、北朝鮮側団長田仁徹《チョンインチョル》は、日本は一九一〇年の併合条約が不法、無効であったと宣言せよ、補償問題解決には交戦国間の賠償と財産請求権を適用する、戦後四五年の被害と損失に対しても補償せよ、ＩＡＥＡの査察は在韓米軍の査察と同時におこなうと表明した。とくに日本と朝鮮が交戦関係にあったという主張と関連して、金日成の率いる朝鮮人民革命軍が抗日戦を正式に宣布し、一五年間日本軍と戦ったと述べたことが注目された。

　第二回会談は三月一一日から一三日にかけて東京で開かれた。こんどは、中平全権が、併合条約は合法的に締結実施された、朝鮮人パルチザンは中国共産党の東北人民革命軍の一部隊として東北地方で活動していたものだ、ＩＡＥＡは査察の受け入れの条件としてアメリカの核不使用の保証を要求することを認めない、と主張した。北朝鮮側はこの主張に強く反発した。

　ある意味では、この二回の交渉で、基本的な問題点がすべて露呈したと言っていい。一九六五年の日韓条約においては、併合条約は合意にもとづいて結ばれ、有効であり、植民地支配は合法的なものであったとする日本政府と、併合条約は最初から無効であり、併合は強制されたものであったとする韓国政府の主張が対立し、「already null and void」という第二条の英文を双方が自分に都合のいいように解釈するということで妥協したのである。それから二六年が経過し、政治家は謝罪し、償うと表明したが、外務官僚の公式論理は少しも変わっていなかった。これでは交渉が行き詰まるのは当然であった。もちろん北朝鮮が金日成の部隊の戦闘を交戦国間の戦争のように主張するのは無理であった。

だが、このあと、アメリカは核開発問題での介入を本格化させた。九一年三月、ベーカー国務長官は訪米した中山太郎外相に、核査察問題を日朝交渉で取り上げるように求めた。さらに五月一五日、埼玉県警が金賢姫の教育係李恩恵は埼玉県出身の女性TYさんであることをつきとめたと発表した。のちにTYとはすなわち池袋のキャバレーでホステスをしていた田口八重子さんであり、彼女は二人の子供を託児所にあずけたまま、失踪したということも明らかになった。

五月二〇日〜二二日に北京でおこなわれた第三回会談の冒頭から、日本側は、北朝鮮にIAEAの査察の受け入れを「国交正常化の前提条件」だとして求め、さらに南北国連同時加盟をも要求した。北朝鮮代表はこのような態度は三党宣言違反であると強く反発したが、ここでまず外交関係を樹立して、補償問題はのちに交渉するという譲歩案を提案した。日本側はこの案に同意せず、財産請求権のみを認める、要求は証拠資料を添えて出してほしいと求めた。さらに日本側は、大韓航空爆破事件の犯人金賢姫の供述から出てきた教育係、拉致された日本女性、「李恩恵」の問題についての調査を求めた。北朝鮮側はこれに強く反発し、発言を撤回し謝罪せよと求めた。そしてその要求が満たされない限り、会談をつづけられないと表明した。

こうして、日朝会談は植民地支配の反省という根本問題での対立に加えて、アメリカの求める核問題と日本自身が提起した「李恩恵」問題によってはやばやと障害にぶつかったのである。

†徐々に高まる交渉反対論

この間に日朝交渉反対派は声のボルテージをあげていた。一九九一年二月には、『現代コリア』グループの西岡力《つとむ》が『諸君!』三月号に「北朝鮮「拉致」日本人の利用価値」を書いた。「北朝鮮はこれまで一五人の日本人を拉致した疑いが大変濃厚である」として、「外務省は「北朝鮮は日本人を自分の意志に反して国内にとどめておき、そのことを家族が日本で公表すると、その人の命に危害を加えかねない国だ」という認識を持っていたことになる、そのような国に対して、なぜ経済協力をしなければならないのか」と書いた。三月には佐藤勝巳が「自民党はテロ国家を支援するのか」を『現代コリア』に書き、「いまや総聯は堂々と自民党と共同行動をとれる御墨付きを手にした。韓国を孤立化し、最終的に赤化統一させようとするための統一戦線に、ついに自民党までが抱き込まれてしまったことになる」と嘆き、「わたしたち『現代コリア』も小さいけれど全力を尽くして発言し続けなければと考えている」と決意表明をした。

この春、佐藤は、新しい本、『崩壊する北朝鮮――日朝交渉急ぐべからず』をネスコから出した。帯には「まず謝るのは北朝鮮だ」と書かれている。北はテロ国家であり、謝るべきは北朝鮮の方だというのである。だが、佐藤はこのときも拉致問題にほとんど注目していなかった。拉致の被害者としてあげるのは、二人の漁船員と欧州で消えた三人の青年だけである。政府がすでに日朝交渉の中で李恩恵問題を提起しているのに、佐藤はこの本の中で李恩恵問題にもまったく触れなかった。そして佐藤はまだ北と植民地支配の後始末をつける必要があることはみとめていた。「北朝鮮に個人独裁政権ではない、南北共存を認めるノーマルな政権ができたなら、その政権と植民地支配の後始末の話し合いをすべきである」と書いている(13)。

第三回会談の直後の五月二八日、北朝鮮は突如として南北の国連同時加盟を受け入れると発表した。「二つの朝鮮」をつくるということで、韓国の提案に一貫して反対してきた北朝鮮としては豹変ともいうべき変化であったが、日朝国交交渉をはじめた立場からすれば、この変化は当然のことであった。南北両国の国連加盟はこの年、一九九一年九月一七日に認められる。

†核問題と李恩恵問題

第四次会談は八月三〇日に平壌で始まった。日本側は、「李恩恵」問題をあらためて提起し、調査を要求したが、北朝鮮側はこれを拒否した。日本側はさらに請求権にもとづく要求のためには「客観的資料」が必要だとくりかえし、「当時適法におこなわれた徴兵、徴用などに伴う死亡などの人的被害は補償対象にならない」と表明した。北朝鮮側は強く反発した(14)。

IAEA理事会は九月一二日、北朝鮮が核査察協定に調印し、査察を受け入れるように決議した。北朝鮮はアメリカが韓国に配備している核兵器を撤去しない以上、協定に調印できないと表明した。九月一七日南北の国連加入が認められると、アメリカ政府は、九月二七日、戦術核兵器の海外配備の中止を発表した。そして翌日撤去する核兵器の一覧表を発表したが、その中に韓国に配備されている核ミサイルも含まれていた。これを受けて、一一月八日盧泰愚大統領が「韓半島の非核化と平和構築のための宣言」を発表し、韓国は核燃料の再処理施設や核濃縮施設を保有しないと宣言した。

一一月一八日〜二〇日に第五次日朝会談がおこなわれた。日本はあらためて、核査察を求めた。北朝鮮側は、ドイツの例をあげて、賠償ではなく、補償を求めると主張した。[15]
一九九二年一月三〇日北朝鮮は核査察協定に調印した。日朝交渉は一月三〇日〜二月一日に第六次会談、五月一三日〜一五日に第七次会談がおこなわれたが、同じ主張のくりかえしで、進展はなかった。
八月二四日にはついに中韓国交樹立がなされた。朝鮮戦争で対戦した両国の国交正常化は両国に関するかぎり平和と和解が実現したことを意味した。北朝鮮はそれを沈黙の中で受け入れたが、もとよりこれは深刻な事態であった。韓国はソ連、中国と国交を樹立したのに、北朝鮮は日本との交渉にすら展望を見出せなかったからである。北朝鮮は焦燥感にとらえられたのではなかろうか。
にもかかわらず、一一月五日に開かれた第八回日朝交渉で、北朝鮮は、日本が「李恩恵」問題と人権問題を持ち出したことをとらえて「朝鮮側は自らの尊厳と原則を捨ててまで日本と関係改善をしない」と言明して、交渉を打ち切りとした。具体的には、非公式におこなわれていた「李恩恵」問題に関する副団長会議で、北朝鮮側は会談を五日に中断させ、そのまま会議が再開されることはなかった。[16]
結局、日本政府の側は、国交交渉の開始にあたって、植民地支配に対する明確な反省謝罪の態度を固めていなかった。そのため北朝鮮の主張との差を乗り越えるべく努力することができなかったのである。それよりも深刻なのは、北朝鮮が一九九〇年に自国の危機的状況からの脱出を求めて、採用した二つのオプション、核兵器開発と日本との国交樹立とが米国から強い反発を呼び起こしたことである。米国は日本が核開発に向かう北朝鮮と国交を樹立する交渉を進めることに賛成しないという態度を早々に明らかにしたのである。
かくして日朝交渉が打ち切られると、北朝鮮は米国と開戦の瀬戸際までいく核危機に向かって行った。

註
(1) 高崎宗司『検証 日朝交渉』平凡社新書、二〇〇四年、二一一頁。
(2) 全文は和田・石坂編、前掲『日本は植民地支配をどう考えてきたか』、二九〜三〇頁。
(3) ハンギョレ新聞、一九八八年八月二〇日。
(4) 全文は和田・石坂編、前掲書、三三〜三四頁。
(5) 朝鮮政策の改善を求める会編『提言・日本の朝鮮政策』岩波ブックレット、一九八九年、四〜七頁。
(6) 関連資料は和田・石坂編、前掲書、四〇〜四五頁。
(7) 朝日新聞、一九九一年一月一日。
(8) 吉田猛「北朝鮮と私③」『新潮45』二〇一三年一一月号、一〇九〜一一〇頁。
(9) 日朝国交交渉検証会議聞き取り、金丸信吾、二〇二一年六月二七日。
(10) 資料はすべて日本社会党『日朝の扉をひらく――三党共同宣言から国交樹立へ』一九九一年。

(11) 前掲聞き取り、金丸信吾、二〇二一年六月二七日。
(12) 毎日新聞、一九九〇年九月二九日。読売新聞、同年九月二九日。
(13) 佐藤勝巳『崩壊する北朝鮮——日朝交渉急ぐべからず』ネスコ、一九九一年、一〇頁、二三五頁。
(14) 朝日新聞、一九九一年八月三一日、九月二日。
(15) 同右、一九九一年一一月一九日朝刊および夕刊。
(16) 同右、一九九二年一一月七日、八日。

第二章　日朝交渉再開の努力と反対勢力　一九九三〜一九九七

†慰安婦問題と日朝国交問題

日朝交渉がわずか一年ほどで打ち切りとなり、米朝間がかぎりなく緊張していった間も謝罪反対派は安心しているわけにはいかなかった。韓国からの圧力が慰安婦問題によって強まる一方だったからである。西岡力は一九九二年八月『日韓誤解の深淵』（亜紀書房）を出して対抗した。「TK生の犯罪」とか、光州事件の告発は偽りだ、韓国「民主化」の実態をあばくとか、盧泰愚宣言は危険だとか、さんざんに反韓国的な暴論をならべたあとに、従軍慰安婦問題とは「女子挺身隊」と「慰安婦」を混同した結果、生まれたものであり、補償は日韓条約で済んでいるので、考える必要がないと主張したのである。そのような議論では国内の世論の高まりを静めることはできなかった。

一九九三年二月には韓国の大統領は盧泰愚から金泳三《キムヨンサム》に代わったが、慰安婦問題での韓国からの追及は引き続き厳しかった。佐藤勝巳も、九三年七月に『北朝鮮「恨」の核戦略』（光文社）を出した。この本は、「日本マスコミが唱える「軟着陸」論のウソ」を強調して、北朝鮮の本質は変わらない、信じてはだめだと主張しているが、同時に「まんまと北朝鮮ペースに乗せられた「合意書」の採択」、「「反日」でいとも簡単に団結する南北コリア」と言って、韓国が北朝鮮と合体して、日本に迫っていると警告しているのが特徴である。その中心問題が植民地支配の反省、謝罪の要求である。いまや南北共通の謝罪要求を断固拒否するという立場である。「朝日新聞の社説を読んでいると、植民地は悪、「謝罪と償い」が必要、という言葉がよく出てくる。東京大学の和田春樹教授などは、植民地支配に対しわが国の国会が謝罪決議をすべきだ、と言って署名運動までしている」。とんでもない。「植民地支配についていえば、一九六五年の条約と協定によってすでに解決している[1]」。だが、こう主張するだけでは、もはや頑張り切れない形勢である。

日本政府は一九九三年八月四日河野洋平官房長官談話を出して、事実を認め、謝罪した。「慰安所は、当時の軍当局の要請により設営されたものであり、慰安所の設置、管理及び慰安婦の移送については、旧日本軍が直接あるいは間接にこれに関与した。慰安婦の募集については、軍の要請を受けた業者が主としてこれに当たったが、その場合も、甘言、強圧による等、本人たちの意思に反して集められた事例が数多くあり、更に、官憲等が直接これに加担したこともあったことが明らかになった。また、慰安所における生活は、強制的な状況の下での痛ましいものであった。なお、戦地に移送された慰安婦の出身地については、日本を別とすれば、朝鮮半島が大きな比重を占めていたが、当時の朝鮮半島は我が国の統治下にあり、その募集、移送、管理等も、甘言、強圧による等、総じて本人たちの意思に反して行われた」。このように事実を認定した上で、「本件は、当時の軍の関与の下に、多数の女性の名誉と尊厳を深く傷つけた問題である。政府は、この機会に、改めて、その出身地のいかんを問わず、いわゆる従軍慰安婦として数多の苦痛を経験され、心身にわたり癒しがたい傷を負われたすべての方々に対し心からお詫びと反省の気持ちを申し上げる」と謝罪したのである。これは戦争の時代に日本国家が加えた特別な加害の責任をみとめ、植民地支配下にあった人々へ特別に深刻な人権侵害を加えたことに対しても日本政府が謝罪したはじめての行為であった。もはやこの点で政府国民の動きをおしとどめることはできなかった。

宮沢内閣は河野談話の二日後に政権の座を去ったのだが、談話をだした河野洋平は野党となった自民党の総裁になったので、党内保守派は河野談話をくつがえすために動くことはできなかった。

細川政権の誕生

一九九三年八月、日本では政権交代が実現し、三八年間つづいた自民党政権は下野し、細川反自民連立政権が誕生した。細川護熙《もりひろ》首相は、初の記者会見で、「侵略戦争」、「間違った戦争」と発言した。一一月、訪韓した首相は金泳三大統領と慶州《キョンジュ》で会談し、「過去のわが国の植民地支配により、朝鮮半島の方々が……耐え難い悲しみと苦しみを経験されたことについて、……深く反省をし、心より陳謝を申し上げる」と語った。これは河野官房長官談話につづく、日本の首相のはじめての謝罪であった。戦前未練派は震えあがった。日朝交渉、慰安婦問題につづく、歴史認識をただす第三の波の到来であった。

米朝戦争の危機高まる

だが、このとき、北朝鮮と米国との関係は急激に険悪化していた。一九九三年はじめ、北朝鮮寧辺《ニョンビョン》の核施設において、少量だがプルトニウムが生産されているのではないかという疑惑を米国とIAEAがいだき、特別査察を要求したところ、北朝鮮は強硬に反対した。そして、三月一二日には北朝鮮はNPTを脱退すると表明した。だが、六月二日よりクリントン政権が北朝鮮と協議を開始すると、北朝鮮は一一日には脱退を留保すると発表した。協議は九四年一月まで続けられ、北朝鮮は核施設の査察を認めるところまで到達した。

しかし、その後、IAEAが査察を進める過程で、北朝鮮は査察に必要な作業の実施を許さず、寧辺の核施設が規制を遵守していると確認することはできなかった。使用済み核燃料を処理すれば、北朝鮮は核爆弾製造に必要なプルトニウムを入手できる。

事態を危険視した米国の国防長官ペリーは四月に韓国と日本を緊急訪問した。在韓米軍の司令官ラックはアパッチ・ヘリコプターとパトリオット・ミサイルの配備を求め、米軍二〇万人の増派を要求した。ペリーは兵器の配備を取り決めた上で、帰国し、米国はプルトニウム抽出を認めないと公式に発表した。北朝鮮は激しく反発し、五月一四日から寧辺での使用済み核燃料の取り外しを開始した。ペリー国防長官は数カ月後に六個から一〇個の核爆弾を製造できるだけのプルトニウムを北朝鮮がにぎることになると考え、「まったく予想もつかない、きわめて危険な結果を招来することは確実だ」と判断した。彼はシャリカシュヴィリ統合参謀本部議長とラック将軍に対して、対北朝鮮の緊急対応計画の改訂を求めた。あわせて寧辺核施設に対するミサイル攻撃の計画を立案することを求めた(2)。

オーバードーファーの著書『二つのコリア』は、こののちシャリカシュヴィリ議長のもとで開かれた会議の結論をつたえている。作戦計画を検討した結果、緒戦の九〇日間の死傷者は米兵五万二〇〇〇人、韓国兵四九万人となり、北朝鮮も大量の死者が出る見通しだということになった(3)。

六月二日、IAEAは査察は不可能となったと宣言した。一〇日、IAEA理事会は北への技術協力停止、特別査察受け入れ要求を含む制裁決議を採択した。六月一三日、北朝鮮はIAEA即時脱退を表明し、制裁は宣戦布告とみなすとした。安保理での制裁討議がはじまろうとしていた。

ペリー国防長官は、六月一六日に行動計画書を提出し、クリントン大統領の決定を仰いだ。在韓米軍に二〇万人を増派し、作戦5027の準備に入るという提案であった。決定的な危機に突入したのである。

戦争に向かう事態を救ったのはカーターの訪朝であった。同じ六月一六日カーター元大統領と金日成は会談した。金日成は、米国が軍隊の増派と制裁推進を中止するなら、核燃料再処理計画を凍結するとの態度をカーターに伝え、危機が回避されたのである。七月八日第三次朝米会談をジュネーヴでひらくことがきまった。その当日、金日成が死去した。

†村山政権誕生

不思議なことに、日本はこのような米朝関係の危機の高まりの外側にいた。一九九四年六月三〇日には、日本では自民社会さきがけ三党連立政権、村山富市首相の政権が誕生した。自民党は政権党に返り咲いたが、こんどは社会党が首相をだす自社さ連立政権の誕生である。政策協定には戦後五〇年国会決議の採択が入った。

中国への侵略戦争と朝鮮植民地支配を謝罪する国民的な立場を確立しようとする者たちとそれにあくまでも反対する者たちの決戦がせまっていた。佐藤勝巳たち日朝交渉反対派もこの闘いに合流した。一九九四年八月一一日に自民党靖国関係三協議会は、細川発言に抗議する申し入れをおこなった。九月九日には、「日本は侵略国ではない」国民委員会の意見広告「日本は侵略戦争をしたのでしょうか」が産経新聞に発表された。佐藤勝巳もこれに参加したのだが、広告には「植民地支配の後始末が未処理になっているのは北朝鮮一国のみであり、戦争処理についてはすべての条約や協定によって処理されている」との二年前の佐藤の主張が載せられたのは奇妙であった。

†日朝交渉再開の企て

一九九四年秋になると、一〇月二一日、いわゆる米朝枠組み合意が結ばれた。北朝鮮はすべての黒鉛減速炉を凍結解体し、その代わりアメリカは二〇〇三年までに一〇〇〇キロワット軽水炉二基を提供し、一基が完成するまでの間重油を年間五〇万トン提供することが合意された。米朝は一転して協力体制に入ったのである。しかし、金日成が約束した南北首脳会談を後継者金正日は事実上拒絶した。金泳三大統領が金日成の死に弔意を表さなかったことを無礼とし、葬儀当日、ソ連が提供した朝鮮戦争関係秘密文書のいくつかを韓国政府が発表したことにも悪意を見たのである。米朝和解のムードが高まる中で南北関係は厳しい対立の中にあった。

危機が去った状況を利用して、日朝関係改善へ向かう動きが日本政府の中からはじまった。連立与党最高意思決定会議で、自民党の斎藤十朗参議院議員会長が、日朝国交正常化を村山政権の課題と提起し、合意が生まれた。金丸、田辺の訪朝団の志を継承して、日朝交渉を再開しようとする動きである。自民党政調会長加藤紘一がこの動きを推進した。加藤は、この時の意図について、二〇〇二年四月八日に衆議院予算委員会で次のように説明している。「日朝の関係を私はあのときに打開すべきではないかと考えました」。「村山政権として何か大きな足跡を残すならば、私は沖縄の基地問題の解決だと思ったのです。沖縄の基地問題の解決で一番重要なのは、北朝鮮問題が解決することです。その意味でどうですかと言いましたら、当時の自民党の中の幹部の方々も、それはいいじゃないかということで」進んだのです。

他方、対抗勢力の側では、一二月一日、自民党内に「終戦五〇周年国会議員連盟」が結成された。会長奥野誠亮、幹事長村上正邦、事務局長板垣正、事務局次長は議員になって三年目の安倍晋三である。結成趣意書には「日本の自存自衛とアジアの平和」のために命を捧げた戦没者を忘れるな、歴史的禍根をのこす国会決議に反対する、とあった。(4)

敗戦五〇年の年、一九九五年が開けると、二月に、民間の保守派・反動派が結集して、終戦五十周年国民委員会を結成した。会長加瀬俊一、副会長黛《まゆずみ》敏郎《としろう》ら、運営委員長毛利義就《よしなり》（明治神宮権宮司）、事務局長椛島《かばしま》有三である。

一方、日朝交渉派の側では、加藤紘一自民党政調会長の努力で、九五年三月二八日、連立与党訪朝団が訪朝した。この直前三月九日には北朝鮮とKEDOが軽水炉提供に関する協定に調印していたことも、激励要因となったであろう。加藤は訪朝せず、渡辺美智雄が全体の団長になった。代表団は、自民党代表団、久保亘ら社会党代表団、鳩山由紀夫ら新党さきがけ代表団の三者で構成され、外務省の竹内行夫アジア局審議官が同行した。出発前、加藤氏の盟友、YKKの山崎拓は中曽根元首相が一九八五年にレーガン大統領に「たすきがけ承認」を提案したことを話し、この道をすすむべきことを中曽根派を継承した渡辺氏に説き、加藤氏の工作を援護した。(5)

三月三〇日、三団長と朝鮮労働党の金容淳《キムヨンスン》書記は、「日朝会談再開のための合意書」に署名した。①不幸な過去を清算し、国交正常化の早期実現のため、積極的に努力する。②

国交正常化のための会談には、いかなる前提条件もない、③会談は自主的で、かつ独自の立場でおこなわれる。④それぞれの政府が会談を積極的に進めるよう努力する。四項目の合意である。

佐藤勝巳と『現代コリア』グループはこの動きを猛烈に攻撃した。四月二五日に出た『現代コリア』五月号は、玉城素《たまきもとい》がおこなった加藤紘一政調会長のインタビュー「北朝鮮を積極的に支援すべきだ」を載せるとともに、玉城素・佐藤勝巳の対談「日朝交渉再開に反対する」を載せた。佐藤はこの中で、三党代表団に加藤紘一事務所のスタッフとして同行した新日本産業の吉田猛社長は日本国籍を取った在日朝鮮人で、「北朝鮮のエージェント」であると断定し、「北のエージェントを日本与党代表団がアドバイザーとして連れて行った」と攻撃した。

五月二九日には、終戦五十周年国民委員会は「追悼・感謝・友好・アジア共生の祭典」を日本武道館で開催した。一二カ国からの来賓が出席し、国会議員三九名、戦没者の遺族など約一万人が参加した。先の大戦は「欧米列強からのアジア独立の戦いだった」として、戦没者への感謝と未来の平和をうたう「東京宣言」が採択された。加瀬会長と粕谷茂自民党代表は、あいさつの中で謝罪、断罪に基づく国会決議には反対すると述べた。(6)

†戦後五十年決議衆議院で可決

だが、一九九五年六月九日、ついに衆議院で戦後五十年決議が、賛成二三〇、反対一四、で可決された。反対一四は共産党である。終戦五十周年国民委員会の活動家椛島有三、大原康男らは村上正邦議員の部屋に集まって、決議文案を無害化しようと工作したが、無理だった。決議は、加藤紘一の意をうけた保利《ほり》耕輔《こうすけ》政調会長代理の統合案通り、「近代史上の植民地支配や侵略的行為に思いをいたし、我が国が行ったこうした行為や他国民とくにアジアの諸国民に与えた苦痛を認識し、深い反省の念を表明する」というものになった。[7]反対派は、参議院での決議を阻止するのが精一杯のところだった。

だが、決議がなされた本会議を欠席した者は二四九人強に上った。決議文の修正を要求して容れられなかったとして欠席した新進党議員は一七一人、その他各派から二三人で、自由民主党からは五五人が欠席した。自由民主党の欠席者のうち四〇人は抗議欠席した奥野議連のメンバーであった。奥野誠亮、安倍晋三、衛藤晟一《せいいち》、中川昭一、平沼赳夫《たけお》らであった。

七月一九日には、村山政府は、慰安婦被害者に対する謝罪と償い（贖罪）の事業をおこなうアジア女性基金を設立した。そして、八月一五日、全国紙五紙に全面意見広告として、アジア女性基金への拠金のよびかけが掲載された。

「「従軍慰安婦」をつくりだしたのは過去の日本国家です。しかし、日本という国は決して政府だけのものではなく、国民一人一人が過去を引き継ぎ、現在を生き、未来を創っていくものでしょう。戦後五〇年という時期に全国民的な償いをはたすことは、現在を生きる私たち自身の、犠牲者の方々への、国際社会への、そして将来の世代への責任であると信じます。」

このよびかけは東京大学教授大沼保昭が起草した。日本の公的機関が発したもっとも人間的な真摯な言葉であった。

さらにこの日の午前一〇時、閣議決定にもとづく村山総理談話が発表された。閣議決定にもとづく総理の談話を「総理談話」と呼ぶ。閣議決定にもとづかないものは「総理の談話」である。

「わが国は、遠くない過去の一時期、国策を誤り、戦争への道を歩んで国民を存亡の危機に陥れ、植民地支配と侵略によって、多くの国々、とりわけアジア諸国の人々に対して多大の損害と苦痛を与えました。私は、未来に過ち無からしめんとするが故に、疑うべくもないこの歴史の事実を謙虚に受け止め、ここにあらためて痛切な反省の意を表し、心からのお詫びの気持ちを表明いたします。」

ここにおいて戦前未練派保守勢力は完全に敗北した。あたらしい日本の公共的な歴史認識が打ちだされたのである。日本の国家、国民の謝罪は全朝鮮民族に向けられていた。韓国と北朝鮮の双方の国民に向けられていたのである。

†北朝鮮の自然災害と食糧危機

だが、このとき隣国北朝鮮は深刻な自然災害をうけ、社会的な危機に陥っていた。七月三〇日から八月一八日にかけて平均三〇〇ミリの雨が北朝鮮の全土に降り、河川の氾濫を引き起こし、農村地域の田畑、灌漑用水路、住宅、貯蔵穀物に被害をおよぼした。九月六日の朝鮮中央通信によれば、浸水した農地は四〇万ヘクタール、穀物の被害は一九〇万トン、被害総額は一五〇億ドルにのぼった。チュチェ農業が行き詰まり、食糧不足が生じ、かつ経済危機が現出していた上の自然災害であった。たちまち、国家的危機が現出した。

国際的に水害の事実は知らされ、コメ援助の要請がなされた。FAOとWFPの調査報告（九五年一二月二二日）によると、一一五万トンの国際援助が緊急に必要だとされた。国連人道問題局はすでに九月一二日から北朝鮮水害地域への食糧支援をよびかけた。日朝国交推進派がうごき、日本政府は九月一四日、日朝交渉再開のための予備交渉を開始するとともに、第二次コメ支援について協議することになった。一〇月三日、北京で第二次日朝コメ協議がおこなわれ、日本は二〇万トンのコメを一〇年据え置き、三〇年の延べ払いで供与するとの合意文書に調印した。だが、同じときにおこなわれた南北協議は合意にいたらず、韓国金泳三政権は日本の踏み込んだ北朝鮮支援に不快感を抱き、反発した。

一〇月五日、村山首相は、参議院本会議で共産党吉岡吉典議員に「朝鮮併合は……日本が強制して朝鮮を植民地支配下に置いた……ことを認めた」のかと質問され、「日韓併合条約は法的に有効に締結された」と答弁した。政府見解の矛盾をつかれて、好ましくない答弁をしたのであるが、これを真っ先に批判したのは、コメ支援をもとめている北朝鮮であった。そのあとから日本のコメ支援に不快感を抱いた韓国政府、金泳三大統領の批判がつづいた。

一〇月二五日の『現代コリア』一一月号は「コメ支援をめぐり交換されたFAX書簡」を暴露して、加藤紘一政調会長がコメ支援において「異様な低姿勢」を示したと指摘した。そして、一一月の『文藝春秋』一二月号には、佐藤・西岡の共同論文「加藤紘一幹事長は北の操り人形か」を発表した。ここでも元政調会長、現党幹事長加藤紘一が在日朝鮮人吉田猛と結託して、北朝鮮との交渉を進めたということが一番の攻撃ポイントである。だが並んで掲載されたのは『現代コリア』の寄稿者で、元関東公安調査局第二調査部長の久仁《くに》昌の文章、「私が愛した「北朝鮮スパイ」」であった。これは、北朝鮮機関の要請をうけて、自分に接触して来た吉田龍雄なる人物との交渉、人間的な交流を描いたものであった。吉田龍雄は吉田猛の父親である。戦前に日本に渡り、軍人松井石根《いわね》(大将で、南京占領軍司令官。戦犯として処刑)の庇護をうけて、商売をし、日本人女性と結婚し、その籍に入った。戦後は日本国籍を維持し、貿易会社の事業に成功し、北朝鮮と往来もした人であった。吉田猛は生まれた時から、日本人であって、父の会社に入って働いた結果、つくり出した人間関係を利用して、日朝のパイプ役をはたすようになったのである。それだけではない。この人物は、金大中訪朝を実現するために南北間のパイプ役もつとめることになる。(8)

佐藤はこの吉田猛をこれまでは「北朝鮮のエージェント」とよんでいたのだが、この段階では久仁の文章を利用して、父親吉田龍雄同様「北朝鮮スパイ」だと思わせるという巧妙な仕掛けをつくり、加藤紘一は「北朝鮮のスパイ」と結託しているかのように言い立てたのである。ここから、加藤について、あらゆるえげつない個人攻撃が週刊誌やイエロー・ジャーナリズムに広がることになった。加藤紘一という政治家は社会的に葬られたと言っていい。

一一月一四日、村山首相は、金泳三大統領あてに親書を送り、植民地支配について謝罪したが、同時に日朝関係においては、韓国と「緊密に連携しつつ、南北関係の進展との調和の原則に従う」と約束した。(9) これによって日朝交渉の再開はとめられたのである。

一九九五年に新しい日本国家国民の歴史反省の公論が形成されようとしたのに対して決起した戦前体制に未練をもつ保守勢力は敗北した。その中で佐藤勝巳と『現代コリア』グループは例外的に村山内閣の進める方向に打撃を与え、日朝交渉再開の動きを阻止したのである。佐藤グループは注目すべき存在となったと言えよう。

一九九六年の動き

一九九五年に敗北した保守勢力は、長く雌《し》伏《ふく》していなかった。九六年には早くも東大教授藤岡信勝、東京電機大学教授西尾幹二らが中心となり、「新しい歴史教科書をつくる会」を設立して、活動を開始した。

だが、北朝鮮は一九九六年夏にも、ふたたび水害に襲われ、深刻な不作がもたらされた。北朝鮮側の発表では、七月二四日から二八日にかけて、黄海南北道、江原道、開城市に六三〇ミリから九一〇ミリの降雨があり、水害が発生した。被災民は三二七万人、失われた農地は二八万八九〇〇ヘクタールに達し、被災総額は一七億ドルに上った。FAOとWPTの特別報告（一九九六年一二月六日）によれば、九七年の食糧不足は九六年よりも「実質的に大きい」のであった。

ついに飢餓のために死者が発生する事態となった。死者の規模については、さまざまな推論がなされているが、アメリカの研究者ノーランドらの分析では、六〇万人から一〇〇万人の間であろうと結論している。(10) これはあまりに深刻な事態であった。被害の多い地域からの脱北者が河をこえて、中国領内にのがれた。

日本の日朝交渉派は、日本の保守反動派を抑えて、中国侵略戦争と朝鮮植民地支配に対する反省謝罪を公式の認識にすることはできたが、北朝鮮に対する国交交渉を再開し、北朝鮮の危機にさいして人道支援をつづけることができなかった。

†『現代コリア』グループ

コメ支援を牽制し、日朝交渉の再開を阻止した佐藤勝巳ら、『現代コリア』グループはこの中間期に拉致問題に目を向けて、運動の離陸をめざした。

話は前年、九五年にさかのぼる。一九九五年六月に大韓航空機爆破事件の実行犯金賢姫の本、『忘れられない女《ひと》――李恩恵先生との二十ヵ月』(文藝春秋)が本屋に並んだ。その本の帯には「李恩恵先生の救出に日本は全力をあげるべきです!」と異例のストレートなよびかけが書かれていた。序文では、辛光洙《シングワンス》事件の原敕晁《ただあき》氏や田口八重子氏は「一般大衆に愛される人気者や有名人」でないので、関心が集まっていないが、それでも「田口八重子の召還のために日本の皆さま総てが気持ちを一つにすれば」、北朝鮮も日本に送り返さざるをえなくなるでしょうと書いてあった。韓国の安全企画部の庇護監督の下で生かされている大韓航空機爆破事件の犯人であってみれば、彼女の書く文章、発する言葉はすべて韓国情報機関、ひいては金泳三政権の意向を反映したものだと考えられる。これは拉致問題で国民的運動をおこすべきだという異例の日本社会介入であった。

たしかにその当時日本のジャーナリストの中でも、拉致問題を熱心に取材していた人は少なかった。テレビ朝日系列のディレクター石高健次はその一人であった。石高は、九六年五月一四日に番組「闇の波濤から――北朝鮮発・対南工作」を制作し、放映した。彼は拉致問題の取材結果をまとめ、秋には『金正日の拉致指令』なる乱暴なタイトルの本を朝日新聞社から出版しようとしていた。彼の取材の白眉は韓国安全企画部に許されて九五年六月と一一月におこなった亡命北朝鮮機関員安明進《アンミョンジン》との二回のインタビューであった。安は韓国安企部が売り出したスターで、九三年に韓国に脱出して来た人だった。九四年から『月刊朝鮮』に出て、「吾々が体験した「総合犯罪株式会社」北韓、その戦慄の実相」という記事の主役としてデビューした。そこで「ファン・クムシル」と名乗っていた日本人拉致被害者の女性について語り、その他数人の日本人男性を目撃したとのべていた。九四年一〇月には『AERA』(一〇月一〇日号)に出て、「ファン・クムシル」のことを語っている。そのスター亡命者が拉致被害者の写真を並べた石高の取材に対して、こんどは平壌の工作員教育機関で市川修一をみたと明言し、さらに蓮池薫もみたように思うと証言したのである。石高はこの取材結果に大いに喜んだ。『金正日の拉致指令』は一九九六年一〇月五日の奥付で刊行された。

†拉致問題の浮上

さて、佐藤勝巳は北朝鮮との国交交渉、国交樹立に反対してきた論客の代表的人物である。ところが、これまで佐藤勝巳は拉致問題に特別の重点を置いてみていなかった。九一年の『崩壊する北朝鮮』、九三年の『北朝鮮「恨」の核戦略』、九六年の共著『北朝鮮崩壊と日本』でも拉致問題にはふれていない。佐藤は拉致はテロ国家が犯す当然の犯罪行為の一つという見方であったのだろう。

だが、新潟出身の佐藤は二〇年前に新潟で行方不明になった中学生の少女のことを記憶していた。一九七七年一一月二二日の『新潟日報』に「女子中学生帰らず／下校途中／すでに一週間」という見出しのもと、大きな記事が載った。市内の中学校に学ぶ一三歳の横田めぐみが、一一月一五日放課後クラブ活動のバドミントンの練習に参加したあと、六時三〇分ごろ友人とともに学校を出たが、家近くの十字路で友人と別れたあと、消息を絶ったと報じた。二一日に公開捜査に踏み切った結果の報道であった。

一九九六年のある時点で、佐藤はこの失踪少女が北朝鮮工作員によって拉致されたのではないかと考えるようになったと推測する。

さて少女拉致の特別の情報がはじめて載ったのは、一九九六年九月二五日発行の佐藤の雑誌、『現代コリア』一〇月号である。それは次のような内容であった。「日本の海岸からアベックが相次いで拉致される一年か二年前、恐らく七六年のことだったという。十三歳の少女がやはり日本の海岸から拉致された。……少女は学校のクラブ活動だったバトミントンの練習を終えて、帰宅の途中だった。海岸からまさに脱出しようとしていた工作員が、この少女に目撃されたために捕まえて連れて帰ったのだという。少女は賢い子で、一生懸命勉強した。「朝鮮語を習得するとお母さんのところへ帰してやる」といわれたからだった。そして、十八になった頃、それがかなわぬこととわかり、少女は精神に破綻をきたしてしまった。病院に収容されていたときに、件の工作員がその事実を知ったのだった」。

これはおどろくほど詳細な情報であり、のちの経過からすると、正確な情報であった。

この情報は石高健次が佐藤の雑誌に寄稿した「私が『金正日の拉致指令』を書いた理由」という文章の末尾にすべりこまされていた。石高自身は、「情報量が少なく、氏名まで特定できなかったために」朝日新聞社本では「触れなかったケース」の一つとして、この情報を紹介したのだが、情報の入手先についてはー切説明せず、ただ九四年韓国に亡命した北工作員がもたらしたものであり、「日本の警察にもこの情報が韓国政府から伝えられ」たと書いていた。

この情報には①新潟の失踪少女の身辺情報と完全に一致した部分と②少し食い違った部分（双子の妹ではなく、双子の弟がいる）、さらに③北朝鮮で生活した後の事情、精神病院入りという情報が含まれていた。のちにわかったところでは③の情報はきわめて正確だった。②も半分はあたっているだけに、きわめて微妙である。いずれにしても、この情報は北朝鮮から出て、韓国経由で東京に届いたものと見なさざるをえない。この情報は、石高のみならず、佐藤たちも接近できたものであったということになる。[11]

重要なことは、佐藤がこの情報に接して、ただちにこれを新潟の失踪少女（横田めぐみ）と結びつけたことである。西岡も、佐藤自身もそう書いている。[12]これは拉致問題を重視する人々にとって決定的に重大な発見であったはずだ。だが、不思議なことに、『現代コリア』関係者はこのことを誰にも語らず、ほぼ三カ月何もしなかったのである。当然ながら佐藤や西岡は石高に話したはずである。しかし、石高も全く動かなかった。あたかも自分たちが発見したことを隠して、一〇月号にのせた情報に誰か、第三者が、たとえば新潟の人々が注目して世間に知らせてくれないかと待つことにした、そのように佐藤、西岡、石高三人は申し合わせたかのようである。

†横田めぐみさんの拉致

三カ月が経過して、一二月一五日、佐藤は、新潟でかつて朝鮮人帰国運動支援を一緒にした小島晴則にたのまれた講演をした。しかし、これまた不思議なことに、この講演でも佐藤は横田めぐみ事件にかんする新発見を語らなかった。ようやく講演後の懇親会、飲み会の席で、なにげなく佐藤は語りだしたのである。


「確か新潟海岸で行方不明になった少女がいましたよね」

「あぁ、めぐみちゃんです」

「彼女北朝鮮にいるようですよ」

近くにいた人達が一斉に「エッ」と声をあげた。


だが、それでも何の動きもはじまらなかった。佐藤はそのまま東京にかえり、小島にたのんで新潟日報の記事を送ってもらったと言う。(13) 話を聞いた小島自身も一五日の懇親会以後半月以上いかなる行動もおこさなかった。ニュースソースが自分たちであることを隠そうとしたかのようである。またもやみながしめし合わせたように動かずにただ待っている中で、年があけた。一九九七年一月八日、現代コリア研究所ホームページに横田めぐみ北朝鮮拉致という話が発表されたのである。彼女の失踪を報じた新潟日報（七七年一一月二二日）の先の記事も掲載された。

かくして、『現代コリア』が情報を発表し、『現代コリア』が身元をつきとめ、横田めぐみ事件を世に出したのである。これは佐藤勝巳の大きな成功であった。ここからゆっくりいい、他の人々がこのニュースを広めていく。

一月二一日、共産党橋本敦議員の秘書兵本達吉のもとに現代コリア・グループの黒坂真から石高論文と新潟日報の記事が送られてきた。兵本はただちに色めき立って、横田めぐみの父、日銀勤務であった横田滋《しげる》をさがしはじめる。即日横田滋を発見すると、兵本は横田滋を議員会館に呼び出した。横田滋はそこで兵本から娘の北朝鮮拉致という話を聞くことになった。これより先、民社党青年組織で働いていた『現代コリア』の荒木和博から連絡をうけた西村眞悟議員は、一月二三日「北朝鮮工作組織による日本人誘拐拉致に関する質問主意書」を政府に提出し、その中に『現代コリア』掲載の新情報と新潟日報横田めぐみ失踪記事を紹介し、横田めぐみは北朝鮮工作員に拉致されたと断定できると書いて、政府の考えを糺《ただ》した。長く動かなかった石高健次も、この日横田宅を訪問している。

一月二五日『ＡＥＲＡ』記者長谷川熙が横田宅を訪問したが、この日に出た『現代コリ

横田滋・早紀江夫妻。1997年、新潟市（写真提供：共同通信社）

ア』一・二月号に佐藤勝巳の文章、「身元の確認された拉致少女」がのった。ようやくここで佐藤は自分が横田めぐみ拉致を発見したと明らかにしたのである。二月三日、産経新聞と『AERA』が横田めぐみ拉致を報道し、西村議員が衆議院予算委員会で質問した。

　ここでもう一つの重要なプロセスがはじまる。二月四日、電波ニュース社の高世仁《たかせひとし》は、韓国で亡命北朝鮮機関員安明進《アンミョンジン》を取材した。そのさい、高世は日本での横田めぐみ報道の記事を安にみせた。すると、安は平壌で横田めぐみをみたと言い出したのである。前年に石高に二回取材をうけたときには、安はそんなことは言っていなかったのに、である。この高世の安インタビューは二月八日にテレビ朝日で放映されたが、安を匿名で登場させた。安はこれまで何度も公衆に向かって話しているが、横田めぐみのことは話していなかったので、横田めぐみ拉致の話が報じられたあとに突然彼女を見たと言い出したのでは信頼されないと高世が考えたのであろう。結果的に、北からのがれてきた新しい亡命者が平壌で横田めぐみを見たと証言したということはめぐみさん拉致を決定的に確認するものとして受け取られた。安の証言の変化などに気を留める人はいなかった。(14)

†佐藤勝巳、運動の中心へ

佐藤勝巳は自信を強め、横田めぐみをはじめとする拉致被害者を救う運動の開始をうながし、ゆっくりとその運動の先頭、中枢に立つ方向にすすんでいく。ときあたかも九七年二月には、自民党の若手の保守派が行動をおこした。中川昭一が代表、安倍晋三が事務局長になって、「日本の前途と歴史教育を考える若手議員の会」を発足させ、河野談話に批判の矛先を向けて、慰安婦問題での韓国からの圧力をはねかえす運動をはじめたのである。佐藤の動きと安倍の動きが急速にまじわってくることになる。

まず兵本達吉、石高健次が中心になって働いた結果、九七年三月二五日、北朝鮮による拉致被害者家族連絡会が結成された。代表は横田滋、事務局は蓮池透、増元照明という人事となった。ついで四月一五日には、北朝鮮拉致疑惑日本人救援議員連盟、拉致議連が発足した。会長は中山正暉《まさあき》、事務局長代理が西村眞悟、事務局次長が安倍晋三という役員の顔ぶれである。四月二三日、外国人記者クラブで横田夫妻がはじめて記者会見をおこなった。同席したのは佐藤勝巳現代コリア研究所長、西岡力『現代コリア』編集長、新潟の小島晴則の三人であった。これは横田夫妻の真の後見人は『現代コリア』グループだということを世に知らしめた機会であった。五月一日、伊達《だて》興治《おきはる》警備局長が、拉致疑惑は横田めぐみを加えて、六件九人から七件一〇人になったと国会答弁で確認した。

まさにこのとき、九五年に敗北した戦前未練派勢力の中核グループも復活した。五月三〇日、日本会議が結成されたのである。議長加瀬俊一、運営委員長黛敏郎、事務総長副島《そえじま》廣之《ひろゆき》（明治神宮権宮司）という人事が発表された。事務総長はのちに椛島有三となる。

†日朝予備交渉はじまる

他方で、「苦難の行軍」を続けている北朝鮮の新しい指導者金正日《キムジョンイル》は日朝交渉の再開を望んでいた。日本人妻の里帰り問題をうごかしたいという希望が朝鮮総連から野中広務氏につたえられ、野中も日朝交渉の再開をもとめて、政府を動かすにいたった。そこで五年ぶりに日朝予備交渉が八月二一日から北京でおこなわれることになった。外務省の槙田邦彦アジア局審議官と北の金煉吉《キムヨンギル》一四局研究員（元局長）が出席した。二人は大使級の本交渉を再開することと日本人妻の里帰りを一カ月をめどに実現することで合意した。

いらだった佐藤勝巳は、八月二五日の『現代コリア』九月号に「日朝交渉、問題は日本国内に」を書いた。この中で吉田猛を労働党統一戦線部対日工作員とよび、彼がふたたび工作を活発化していると言い立て、野中広務を攻撃した。それとともに、自国民を拉致されているのに、食糧援助要請に応じないのは「国家の品格を落とす」などとテレビで信じ難い発言をするとして、小此木政夫、小牧輝夫ら、代表的な北朝鮮研究者を非難した。二人はかつて『現代コリア』立ち上げに参加したが、佐藤の方針に賛成せず、離脱した人々であった。

九月一五日、小島晴則が会長になって、「横田めぐみさん等拉致日本人救出の会」を新潟で発足させた。一〇月四日には、佐藤勝巳が会長になって、「北朝鮮に拉致された日本人を救出する会」が東京で結成された。

一〇月八日、金正日が労働党総書記に就任した。翌九日、閣議は、六万トン余の無償コメ支援を了承した。すると、一〇月一六日には自民党外交部会、対外経済協力委員会、外交調査会の合同会議が開かれ、拉致家族会一二人が拉致問題の経緯を説明した。ここに佐藤、西岡、荒木が同席した。さらに、一〇月二三日には、佐藤勝巳が、自民党外交調査会朝鮮問題小委員会で講演した。このときは一二〇人が出席した。佐藤がこれらの機会に主張したことは、九七年一〇月二五日の『現代コリア』一一月号に書かれた彼の文章「「贖罪意識」は売国の道」にうかがえる。「北朝鮮の主張を要約すると、拉致問題を棚上げにして、日本からコメ一〇〇万トンをただでとる。日朝交渉即時再開、「謝罪」させ「賠償金」一兆円を取ると言う筋書きである」。そうしなければ、「金正日政権の命脈は尽きる」。このような情勢評価に立って、佐藤は野中広務を批判した。野中にとっては「贖罪意識からすると、拉致があっても「過去の清算をすることが先だ」ということになる」。だから「「贖罪意識」は売国の道」だというのである。最後に佐藤は、「国益のために野中幹事長代理を日朝問題から外すべきではないか」と述べているが、さすがにここまでは自民党の会合では語らなかったであろう。

註

(1) 佐藤勝巳『北朝鮮「恨」の核戦略――世界一貧しい強国の論理』光文社、一九九三年、一七七頁、二〇八頁。

(2) ウィリアム・J・ペリー、松谷基和訳『核戦争の瀬戸際で』東京堂出版、二〇一八年、一七七～一七九頁。

(3) ドン・オーバードーファー、菱木一美訳『二つのコリア――国際政治の中の朝鮮半島 特別最新版』共同通信社、二〇〇二年、三六八～三六九頁。

（4）和田・石坂編、前掲『日本は植民地支配をどう考えてきたか』、九一～九三頁。
（5）日朝国交検証会議聞き取り、山崎拓、二〇二一年一一月三日。
（6）産経新聞、一九九五年五月三〇日。
（7）村上正邦回想、青木理『日本会議の正体』平凡社新書、二〇一六年、一八六～一八八頁。
（8）吉田氏の経歴については、吉田猛「北朝鮮と私①」『新潮45』二〇一三年九月号、一六六頁。金大中訪朝への関与については、林東源『南北首脳会談への道――林東源回顧録』岩波書店、二〇〇八年、二～五頁。
（9）朝日新聞、一九九五年一一月一五日。
（10）Stephan Haggard and Marcus Norland, *Famine in North Korea: Markets, Aid and Reform*, Columbia University Press, 2007, p. 76
（11）この情報は「当時、自分が東南アジアで活動中の現役北朝鮮工作員から入手したもので、石高も含めた日本側の関係者に自分が流した」と、駐日韓国大使館に出向していた国家情報院の参事官から二〇〇六年に聞いたとの証言がある。日朝国交交渉検証会議聞き取り、福澤真由美、二〇二二年六月九日。石高は、のちにこの情報を一九九五年六月二三日に韓国で国家安全企画部の高官から聞いた、東京に戻ってから別の機関員からも聞いたと書くにいたった。石高健次『これでもシラを切るのか北朝鮮』光文社、一九九七年、一六～二〇頁。
（12）西岡と石高の対談、『諸君！』一九九七年四月号。佐藤の発言は、石高『これでもシラを切るのか北朝鮮』二二頁から再引用。
（13）佐藤勝巳「身元の確認された拉致少女」『現代コリア』一九九七年一・二月号、一〇～一一頁。荒木和博編著『拉致救出運動の2000日――1996年→2002年』草思社、二〇〇二年に収録。

(14) 安の証言の信憑性については、和田春樹『朝鮮有事を望むのか――不審船・拉致疑惑・有事立法を考える』彩流社、二〇〇二年が詳しく論じており、石高とも論争している。今日振り返ってみて、安の話はほとんどが虚言であったと考えてよいと思われる。

第三章　日朝国交交渉第二ラウンドへ　一九九七～二〇〇一

†日朝交渉再開へ

一九九七年一一月八日、第一回日本人配偶者里帰りが実現した。一一日には森喜朗《よしろう》団長の連立三党代表団が訪朝した。自民党の中山正暉が副団長、野中広務が幹事長となった。社会党からは伊藤茂、さきがけからは堂本暁子がそれぞれの党の代表団の団長をつとめた。日本政府は経済危機の中、非常国家体制を布いた北朝鮮に対して、コメ支援をおこない、植民地支配の清算をめざして国交交渉を再開しようとしていた。平壌では森三党代表団は金容淳、金養建《キムヤンゴン》、宋浩京《ソンホギョン》、李鍾革《リジョンヒョク》らと会談した。双方は早い機会に日朝交渉第九回会談が開かれるように努力することで合意した。拉致については、初めて行方不明者として調査することでも合意した。また森団長の郷里石川県の漁民で行方不明となり、北朝鮮に生きていることがわかった寺越武志の一時帰国を北朝鮮側が保証した。

この月、日本会議は初の中央大会を九段会館で開催した。活動の目標として憲法調査会早期設置、防衛省設置とならんで、北朝鮮による日本人拉致疑惑の解明と救済が掲げられた。ここから日本会議の取り組みがはじまった。しかし、一二月一八日に銀座ガスホールで開かれた「北朝鮮に拉致された日本人を救出し、侵害された主権を回復する緊急国民大会」に参加した人の数はなお二五〇人程度であった。大会は、日本人拉致が「明白になっても、日本の主権が侵害されても、日本の一部大新聞や与党幹部、専門家らは拉致より北へのコメ支援が先だと主張している」、「このような主張は絶対容認できない」として、拉致被害者の「救出と国家主権の回復」をめざすと決議した。

年があけて、一九九八年二月、韓国では金大中が大統領に就任し、新しい風が吹き始めた。日本では三月中山正暉を団長とする自民党代表団が平壌を訪問した。随行した外務省北東アジア課員山本栄二によれば、団員の中には、拉致被害者の家族が苦しんでいて、北朝鮮に人道支援するのに反発があると語り、拉致問題の解決を北朝鮮側に求める者がいた。金容淳は拉致問題を認めなかったが、行方不明者の問題は解決していきたいと答えた。中山はよど号ハイジャック事件の犯人たちと面会した。こちらの問題から解決をはかり、拉致問題にもおよぼしたいと考えているようだと山本は見ている。そのほか、寺越武志の母親が団と同行して、平壌に入り、親子の再会をはたしたことも重要であった。(1)

†拉致問題運動の本格化

日本の国内では、拉致問題の解決をもとめる運動が本格的に始動した。四月には北朝鮮に拉致された日本人を救うための全国協議会が結成され、佐藤勝巳は会長に、荒木和博は事務局長に就任した。そして、四月二日には救う会全国協議会と家族会は、とくに佐藤勝巳の名を出してニューヨーク・タイムズ紙に拉致被害者救出を訴える意見広告を掲載した。前年春からはじめた拉致救出のための署名は四月に一〇二万筆に達し、政府に提出された。

六月五日北朝鮮赤十字会が行方不明者調査の結果は何も出てこなかったという発表をおこなった。これに対して、東京の救う会が一五日に抗議声明を発し、政府に北朝鮮に対する制裁措置を要求した。七月末には全国協議会は韓国から脱北機関員安明進を招き、全国縦断講演会を組織した。これが八月八日まで続いた。このような宣伝活動の効果もあり、日本会議系の参加もありで、救う会の集会には多くの人が集まるようになった。

一方、小渕恵三首相は金大中大統領を迎えて、一九九八年一〇月八日、「日韓パートナーシップ宣言」を出した。そこで村山総理談話が両国首脳の共同意志として確認された。

小渕総理大臣は、今世紀の日韓両国関係を回顧し、我が国が過去の一時期韓国国民に対し植民地支配により多大の損害と苦痛を与えたという歴史的事実を謙虚に受けとめ、これに対し、痛切な反省と心からのお詫びを述べた。金大中大統領は、かかる小渕総理大臣の歴史認識の表明を真摯に受けとめ、これを評価すると同時に、両国が過去の不幸な歴史を乗り越えて和解と善隣友好協力に基づいた未来志向的な関係を発展させるためにお互いに努力することが時代の要請である旨表明した。(2)

この日韓パートナーシップ宣言は、北朝鮮政府にも日本政府の前向きの姿勢とうけとられた。北朝鮮の日本批判はこの間ますます高まっていたが、翌九九年になって八月一〇日の政府声明「日本は対朝鮮圧殺政策を放棄し過去の罪に対して謝罪と補償をしなければならない」が発表されるにいたった。この主張を基調にしてあらためて日朝交渉を求める姿勢を明確にしたのである。

日韓パートナーシップ宣言は日朝の関係改善にも明らかにプラスしたから、小渕首相は北朝鮮との交渉に積極的な意欲を見せた。アメリカでは、対北朝鮮政策調整官に任じられた元国防長官のウィリアム・ペリーが韓国、日本と調整のうえ、一九九九年五月に北朝鮮を訪問して協議した。その上でまとめた米国の北朝鮮政策を見直すための報告書を九月に議会に提出し、翌月要約版を公表した。北朝鮮との関係を正常化することを通じて核兵器、長距離ミサイルの生産保有を考え直させるという新しい建設的な提案は東北アジアに楽観的な雰囲気をひろげた。

小渕内閣もさらに意欲をみせたが、八月三一日、北朝鮮が、人工衛星「光明星一号」を打ち上げたと発表すると、逆風が起こった。米国はこれは中距離ミサイル・テポドンの発射だとみて、約束した援助を取り消した。日本政府も九月一日日朝交渉と食糧支援の凍結などの制裁措置を発表した。しかし、幸いにして、逆風は短期間でやんだ。日本政府は日朝交渉を追求しており、一〇月、シンガポールで梅本和義北東アジア課長と宋日昊との非公式接触がおこなわれた。

†村山超党派国会議員訪朝団

ここで準備され、実現されたのは、村山前首相と野中広務議員の国会全党訪朝団の訪朝であった。野中は官房長官を退いて、党幹事長代理となっていた。村山と野中の執念により、共産党も含め全政党の議員がこの団に参加した。この直前一〇月の内閣改造で河野洋平が外相となっていた。一九九九年一二月一日、村山・野中の団は平壌に向かった。村山訪朝団は金永南《キムヨンナム》、金容淳と会談して、日朝交渉の再開で合意し、その上で、拉致問題は赤十字会談で協議するとの方針で合意を取り付けたのである。

野中と河野はコメ支援をてこに日朝交渉を進めようとした。外務省のアジア局長は阿南《あなみ》惟茂《これしげ》から槇田邦彦に代わるところであった。一九九九年一二月一九日には早くも日朝赤十字会談がおこなわれ、二〇日には国交正常化予備交渉がおこなわれた。二〇〇〇年三月七日、政府はWFPを通じて、一〇万トンのコメ支援を実施することを決定した。これに対して家族会、救う会は猛烈な抗議活動をおこなった。六日には外務省前で座り込み、外相に面会して、申し入れをおこなった。コメ支援を認めるための自民党外交関係部会が開かれた七日には、自民党本部前で抗議行動がおこなわれた。

アメリカの監督パティ・キムとクリス・シェルダンの映画『めぐみ――引き裂かれた家族の三〇年』は、彼らの抗議の情景を伝えている。「野中広務は拉致家族の気持ちを理解しろ」「コメ支援を糾弾するぞ」「ばかやろう」「ばかやろう」と人々は叫んでいる。外交関係部会ももめたが、原田義昭部会長が「拉致疑惑などの問題もふまえて政府には交渉にあたってもらう」と引き取り、了承された。別の外交・国防部会の方ではコメ支援反対が一五人で、部会長一任が六人、コメ支援賛成は二人にすぎなかった。午後の与党政策責任者会議で、コメ支援は了承されたが、党内に反対論がつよいことも明らかになったのである(3)。

日本人妻の第三回一時帰国も四月ないし五月に実施することが合意されたことが発表さ

小渕首相から金正日総書記あての親書を、朝鮮労働党の金容淳書記（右）に手渡す訪朝団の村山富市団長。1999年12月2日午前、平壌市内の万寿台議事堂（写真提供：共同通信社）

れた。小渕首相は日朝交渉第二ラウンドを開始することを決断した。

†日朝交渉第二ラウンドはじまる

ついに日朝会談（第九次）が七年半ぶりに二〇〇〇年四月五日平壌で再開されることが発表になった。だが、その前日の四月四日、小渕首相は脳梗塞で倒れ、再起不能と判断され、五日には総辞職となった。即日自民党の実力者たちは森喜朗を後継総裁、後継総理に推挙し、森内閣が誕生した。森は自分の選挙区の漁民寺越武志の問題で母親の訴えを聞いており、何かできないかと考え、日朝関係に関心をもっていた。だから、はじまった日朝会談第二ラウンドを歓迎していた。

五日に平壌入りした日朝交渉の日本側代表は高野幸二郎大使であった。朝鮮側は鄭泰和《チョンテファ》大使であった。このたびの交渉第二ラウンドは、日朝双方が自らのぎりぎりの主張をぶつけ合う、きびしい対決となった。北朝鮮側は、過去の清算のため、賠償・補償をもとめた。日本側は、村山談話に立脚して、反省とお詫びを表明するが、賠償・補償はおこなえない、経済協力という形で実施したいと主張した。他方で日本側は拉致問題を赤十字会談だけでなく、本交渉でも協議したいという姿勢を示した。国内に強力な拉致問題運動が台頭した以上、その交渉は不可欠であった。だが、四月の第九回会談は日朝双方が要求を出す手前のところで終わった。

この年、北朝鮮は一月四日にイタリアと国交をむすんだばかりで、五月八日にはオーストラリアと国交を結ぼうとしていた。北朝鮮側はこの時、日本とも国交を正常化することを願っていたが、植民地支配に対する補償、賠償を日本から獲得することが不可欠だと考えていた。対抗しているのは、拉致問題で高揚している日本国内の反北朝鮮感情であった。四月三〇日、「横田めぐみさんを救出するぞ！　第二回国民大集会」が日比谷公会堂に二千人を集めておこなわれた。

だが、おどろくべきことが六月におこった。二〇〇〇年六月一三日韓国の金大中大統領が平壌を訪問して、金正日国防委員長と会談したのである。

†日朝国交促進国民協会発足

もとより、日本で日朝国交交渉を望んで、運動をつづけてきた人々も緊張して、前に進み出た。前年一九九九年八月二九日、声明「今世紀のうちに日朝国交交渉を軌道にのせ、緊張緩和への転換をはかろう」を出したのは、木宮正史、隅谷三喜男、高崎宗司、鶴見俊輔、飛田雄一、藤田省三、細谷千博、緑川亨《とおる》、宮崎勇、水野直樹、和田春樹ら八三人であった。九六年にくも膜下出血で倒れた安江良介はこの中にはいない。この声明は、朝鮮側のミサイル発射実験をめぐる周辺国との対立が地域の緊張を高めている、緊張緩和のためには日朝国交正常化をあらためてもとめるべきだと主張している。そのためのよい条件となっているのは、日韓パートナーシップ宣言である。植民地支配の過去を清算するという姿勢に立てば、八月一〇日の朝鮮政府の宣言に応えることができる、と主張し、「今世紀のうちに、二〇〇〇年までに日朝国交交渉を軌道にのせ、合意をつくり出していけば、東北アジアの緊張緩和、平和共存の雰囲気づくりに大きく貢献することができます。そのような努力の中で新しい世紀を迎えましょう。それ以外に道はありません」と述べた(4)。

この声明を用意したのは隅谷三喜男と和田春樹であった。二人はこの声明を中心にして岩波ブックレット『日朝国交交渉と緊張緩和』を出版した。その小冊子に小此木政夫、明石康両名の文章をもらったことは成功であった。隅谷と和田は村山元総理が二〇〇〇年には選挙に出馬しないという決意であることを知って、村山を会長として日朝国交のための民間運動団体を創ろうと企て、村山の承諾をえた。二人は村山とともに三木首相夫人三木睦子に副会長就任を要請した。三人目の副会長は元国連事務次長明石康が承諾した。基本的には村山自社さきがけ三党連立政権の民間版として、理事、運営審議会委員の顔ぶれを考えた。

二〇〇〇年七月三日、日朝国交促進国民協会の設立集会が星陵会館で開かれた。嵐の夜であり、星陵会館の外には行動右翼の宣伝カーがきたのを思い出す。会長は村山元首相、副会長は明石康、隅谷三喜男、三木睦子である。和田春樹が事務局長になった。村山内閣の閣僚だった宮崎勇、国際関係史の権威細谷千尋、NHK解説委員長であった山室英男、ERINA(環日本海経済研究所)所長吉田進、岩波書店社長であった緑川亨、平和安保研究所理事長の渡辺昭夫、日中太極拳連盟の専務理事村岡久平、東アジア貿易研究会会長本間徹治、日朝貿易決済協議会前代表の長瀬价美、それに韓国朝鮮研究を代表する学者小此木政夫、小牧輝夫、元べ平連の小中陽太郎、ジャーナリストの石川真澄、丹藤佳紀、それに自治労、日教組、海員組合の委員長、組合長を理事に迎え、伊藤亜人、木宮正史、水野直樹、田中宏、高崎宗司らを諮問委員に迎え、顧問は上田正昭、金森久雄、水谷幸正、清水寺貫主森清範の四氏が就任した。まさに国民協会の名にふさわしい顔ぶれであった。

集会では、野中広務議員、槙田邦彦外務省アジア局長、徐萬述総連議長から挨拶をうけた。創立記念講演は理事の小此木政夫がおこなった。設立宣言は理事の鈴木伶子NCC（日本キリスト教協議会）議長が読み上げた。

「南北最高首脳会談は……南北間に氷をとかす春の風を起こし、和解のための扉を開きました。朝鮮分断に心の痛みを感じざるをえない日本としても、この転換を確実なものにするために、最大限の貢献を果たすべきでしょう。あらためて私たちは、日朝国交交渉を二〇〇一年のうちに、おそくとも二〇〇二年のワールドカップ開催までに妥結して、国交を樹立することが必要であり、かつ可能でもあると考えています(5)」。関係者は超楽観的になっていた。この宣言を読んで、「外交に時限を切ってはならないというのが自分の信念だから」と言って、元中国大使の中江要介は顧問就任を断った。

日朝交渉第一〇回会談は、二〇〇〇年八月二二日東京ではじまり、二四日には木更津市でおこなわれる。鄭泰和大使以下北朝鮮代表団十数名は、二一日夕刻に到着した。二二日には鄭大使はまず村山、野中、中山三人と会い、野中議員から「一刻も早く両国間の正常化ができるよう努力してほしい」と要請された。

ついで外務省飯倉公館で河野外相と会った。外相は「過去の清算の問題」を解決し、善隣関係を築かなければならないと述べたが、日朝間の諸問題の解決にもつとめなければならないとして、飯倉公館の正門前には「拉致被害者家族の方々がいる。その思いを踏まえ、自分たちはやらなくてはいけない。行方不明者のしっかりした調査をしてほしい」と要請した。鄭大使は「拉致は存在しない」と否定したが、「正門の様子は見た。ああいう問題が起こらないよう友好関係を築いていかなければいけない」と語った。(6)日本での二度目の国交交渉だけあって、北朝鮮代表団は日本国内の反朝鮮気分、拉致問題関係の運動に強い印象を受けたようであった。

二二日の本交渉は日朝双方の主張がぶつけられ、正面から対立した。その中で双方とも「南北首脳会談に触れ、前回の本会議からの環境好転を指摘、年内に交渉をまとめあげたいという意向を強く打ちだした」と朝日新聞は報じた。二四日の二日目の会議では、次回の日程が決められた。

結果は出なかったが、北朝鮮側は「関係改善のために前進的な方向でおこなわれた実践的な会談だった」と新聞『民主朝鮮』が評価した。しかし、日朝交渉反対派、拉致問題運動派はひきつづき強気であった。一〇月三日、佐藤勝巳は長谷川慶太郎との対談本『朝鮮統一の戦慄』(光文社)を出した。救う会全国協議会会長の佐藤は「ならば日本は外交戦略の究極の目標として、金正日政権を倒す、と覚悟を決めるべきだ」と言い切った。(7)救う会副会長の西岡力は二〇〇〇年一〇月の『現代コリア』一一月号から「金正日政権打倒への道」の連載をはじめた。救う会事務局長の荒木和博は同誌の翌月号に「拉致された人々の実力による救出を」を発表するまでに進んだ。北朝鮮が国内混乱に陥ったら、救出部隊を派遣する、その隊員を選定し、訓練を開始せよという提案である。

†日本政府の姿勢

日本政府の方は、日朝国交交渉に真っすぐ向かう姿勢であった。実は、森内閣は、五月の首相の「神の国」発言で野党から退陣要求をつきつけられて、支持率が低迷していた。そこで森首相は、外交面で成果をあげることを望んでいた。外務省欧亜局の東郷和彦局長が部下の佐藤優、さらに自民党総務局長鈴木宗男とともに進めているロシアとの領土交渉で、新たに二島返還プラスアルファという打開策をとるのに支持をあたえていたのだが、北朝鮮政策の面でも、野中、加藤らの動きはそれとして、自分も道をひらいて、支持率の挽回をはかろうという意欲をもっていたようである。一〇月になって、朝日新聞が首相周辺の話として、「森首相、金総書記に親書、首脳会談を呼びかける」という記事を掲載した。八月下旬に「労働党とつながりのある人物を通じて」親書が送られたとある。[8] 森は、在米韓国人ジャーナリスト文明子《ムンミョンジャ》に金正日への連絡を何度か頼んだことは認めている。しかし、この親書のことは語っていない。

一〇月には政府はあらたなコメ支援五〇万トンをおこなうことを決め、四日の党外交関係合同会議の了承をえて、発表した。(9) 国費一〇〇〇億円を投入する計画である。拉致議連の関係者から反対論も出たが、執行部は押し切ったのである。

一〇月二七日に中川秀直官房長官が女性スキャンダルで辞任することになり、後任には福田康夫が任じられた。安倍晋三官房副長官は福田官房長官の下につくことになった。森首相は引き続き交渉進展を目指し、積極的だった。森氏がASEM(アジア欧州会合)のさいの日英首脳会談で、拉致被害者が「行方不明者として第三国で発見」されるという形で返してもらいたいと発言したこともあった。

日朝国交交渉第一一回会談は一〇月三〇日から二日間、北京で行われた。この会談は前二回の会談をふまえ、実質的協議に入ると言われていたが、どこまで話が進んだかは明らかにされなかった。高野幸二郎代表は「いよいよ本格的交渉が始まった。……今後とも粘り強く交渉していきたい」と語っただけで、会談の内容は、北朝鮮側の要求で発表できないとされた。(10) 次回の日程も決まらずに会談が終了したということで、悲観的な印象が生まれた。山本栄二の回顧録によれば、「北朝鮮側の対応は硬化する」と書かれている。(11)

しかし、これは誤解を与える記述であった。明らかにその後の展開にてらしてみると、北朝鮮側は日本国内に強硬な批判勢力が活動しているもとで、公開した形で国交交渉をおこなうことを合目的でないと考えるようになり、交渉方式を変えることを考え始めていたように思われる。さらに、賠償補償の形式に固執するより、内容をとる方がいいと考え始めたようである。とくに拉致問題について、これまでの拒否回答だけでは交渉が進められないということを感じていたのではないか。

†「加藤の乱」

ところで、日本は国内政治が混乱してきた。一一月一七日には、いわゆる「加藤の乱」と呼ばれる政権打倒未遂事件がおこった。野党が出す森首相不信任決議案に加藤派と山崎派が同調のかまえをみせながら、欠席するにおわり、不信任決議は不採択となったのである。加藤紘一はこの未遂に終わった造反劇の結果、政治家生命を失うことになった。

そのあと日朝国交促進国民協会は一一月三〇日村山会長を団長とする訪朝団を平壌におくった。隅谷、三木両副会長も同行し、和田が秘書長をつとめ、総員九人の大代表団であった。訪朝にあたって、協会は「基本的な方針」を定めた。植民地支配を通じて、損害と苦痛を与えたことに対しては文書で謝罪すると明記したが、補償については経済協力で対応するという意見が出され、合意にはいたらなかった。敵対関係の停止については、内政干渉、主権侵害をおこなわず、テロリズムに反対し、国連の原則を尊重し、自国内の相手国民の人権を侵害しないという内容でまとめ、拉致疑惑問題については、「ケースを具体的に検討し、論拠の性格に応じて、交渉の仕方を考える」と定めていた。平壌では、金永南最高人民会議常任委員長と対外文化連絡協会委員長、副委員長と問答したが、金委員長が経済協力方式に強く反対したのが印象的であった。拉致問題については話ができなかった。帰国したのは一二月五日であった。

　この月のうちに、中西輝政が編纂した本、『北朝鮮と国交を結んではいけない』（小学館文庫）が出た。中西は、日本は合法的に朝鮮を植民地化した、合法的な植民地支配に賠償金を支払った国の例はない、国としての誇りをもつことが大事だと佐藤の主張を繰り返した。櫻井よしこも「拉致を認めない国と友好関係は結べるのか」と言い、「民主主義を尊ばず、人道主義や基本的人権を歯牙《しが》にもかけない現在の北朝鮮政府」に国交正常化で多額の経済協力を与え、力を与えることには「慎重であるべきだ」と主張した。[12]

　日朝国交促進国民協会は拉致問題の提起で日朝交渉が途絶することがないようにしながら、拉致問題をも日朝間で交渉する方式を考えていた。国民協会事務局長の和田春樹は一二月と翌年一月に雑誌『世界』（二〇〇一年一月号、二月号）に「「日本人拉致疑惑」を検証する」を発表した。そこで、「一〇人の拉致被害疑惑者がいる中で、原敕晃さんの件だけが明瞭な拉致である」と述べ、したがって「この件は拉致として交渉すべきであるが、それ以外の九人は横田めぐみさんを含め、拉致されたという はっきりとした証拠がないため、行方不明者として日朝交渉の中に乗せていかなければならないのではないか」と主張した。(13)この論文は横田めぐみについての安明進の証言をこまかく分析し、証言が時間と経過とともにふくらんでいくことを指摘し、信頼性がないと主張した。

この和田の論文に対しては、日朝交渉反対派の人々が集中的に攻撃した。佐藤勝巳は二〇〇一年三月に『諸君!』四月号に「いい加減にしなさい和田春樹センセイ!」を書き、荒木和博は『草思』四月号に、「拉致問題に横槍を入れる、和田教授の裏事情」を書いた。荒木は、和田に面会を求め、質問して帰ったが、文章の中では、和田はアジア女性基金にも入り込んで、利権をあさっているなどと非難して、拉致被害者の救出にあたっている自分たちは「戦争をしているのだ」、妨害する者は責任をとってもらうと威嚇した。おなじとき、ロシア思想史の研究者で、元金沢大学教授の藤井一行もネット上に長文の和田批判論文を発表した。これらの人々はみな言葉をつくして安明進を擁護した。

†北朝鮮をとりまく国際情勢の激変

二〇〇〇年には北朝鮮をとりまく国際情勢が激変した。中でも、二〇〇〇年六月の金大中大統領の訪朝は特筆すべき一大事件であった。一〇月にはオルブライト米国務長官が訪朝して、金正日に会った。その前に北からはナンバーツーの趙明禄《チヨウミヨンロク》国防委員会副委員長が訪米し、クリントン大統領に訪朝の招待状を渡していた。かつてない雪解け状態が生まれた。

二〇〇〇年七月にASEM（アジア欧州会合）の首脳会議がソウルで開かれた折に、金大中大統領がヨーロッパ各国の首脳に北朝鮮との国交樹立を促したこともあって、一一月には英国、ドイツ、スペイン、ベルギーなどが国交樹立をもとめる書簡を北朝鮮に送ってきた。(14) 北朝鮮も積極的に対応し、二〇〇〇年一二月にはまず英国との国交が樹立された。二〇〇一年二月にはオランダ、トルコ、ベルギーと、二月にはスペイン、三月にはドイツ、ルクセンブルク、ギリシアと国交が樹立された。これで北朝鮮はフランスをのぞくすべてのEU加盟国と国交を正常化したことになった。さらにこの同じ期間に、二月には、カナダが、三月にはニュージーランドが国交を樹立したので、いまや国連軍参加国一六カ国の中でも米国とフランスを除く一四カ国が北朝鮮と国交を樹立したことになったのである。

年末の米大統領選挙で民主党ゴア候補が僅差で共和党ブッシュ候補にやぶれたことで、風向きが変わるのだが、北朝鮮がこの国交正常化ラッシュの動きに自信を深めて、日本との国交正常化を強くのぞんでいたことは間違いないところである。

二〇〇一年一月、森総理のところへ北の密使が連絡してきた。森首相は官房長官をやめたばかりの腹心の中川秀直《ひでなお》をシンガポールへおくり、北の外務第一次官姜錫柱《カンソクジュ》と会談させた。森によれば、北朝鮮からは首脳会談の提案があった。拉致については首脳会談で回答を出す、これまでの賠償・補償要求は引っ込めて、経済協力を受け入れるというような内容だったとされる。(15)森はプーチンとのイルクーツク会談を控えていた。そこでは四島返還から二島返還プラスアルファに政策を切り替えることが予定されていた。それもやり、こちらもやるというのはさすがにむずかしい。森はこの話を外務省に伝えることができなかったようだ。槙田局長の方は森の話を聞き流すという態度だった。(16)

註

(1) 山本栄二『北朝鮮外交回顧録』ちくま新書、二〇二二年、一七九〜一八〇頁。
(2) 朝日新聞、一九九八年八月一一日。
(3) 同右、二〇〇〇年三月八日。
(4) 隅谷三喜男・和田春樹編『日朝国交交渉と緊張緩和』岩波ブックレット、一九九九年、四〜七頁。
(5) 役員名簿と創立宣言は、日朝国交促進国民協会編『どうなる日朝国交交渉』彩流社、二〇〇三年、八五〜八八頁。
(6) 朝日新聞、二〇〇〇年八月二三日。

(7)佐藤勝巳・長谷川慶太郎『朝鮮統一の戦慄――呑み込まれる韓国、日本の悪夢』光文社、二〇〇〇年、二四三頁。
(8)朝日新聞、二〇〇〇年一〇月一日。
(9)同右、二〇〇〇年一〇月五日。
(10)朝日新聞、二〇〇〇年一一月一日。
(11)山本栄二、前掲書、一九五頁。
(12)中西輝政編著『北朝鮮と国交を結んではいけない』小学館文庫、二〇〇〇年、一六七頁。
(13)和田春樹「「日本人拉致疑惑」を検証する（下）」『世界』二〇〇一年二月号、一五八頁。
(14)太永浩『三階書記室の暗号――北朝鮮外交秘録』文藝春秋、二〇一九年、一三六〜一三七頁。
(15)森前首相インタビュー、朝日新聞、二〇〇二年九月一二日。森喜朗・早坂茂三対談、『諸君！』二〇〇二年一二月号、五三〜五四頁。
(16)日朝国交交渉検証会議聞き取り、槙田邦彦、二〇二一年七月二二日。

第四章　日朝首脳会談と日朝平壌宣言　二〇〇二

†小泉首相、田中局長の挑戦

小泉純一郎内閣は二〇〇一年四月二六日に成立した。政権中枢の顔ぶれは福田康夫官房長官、古川貞二郎・安倍晋三官房副長官、田中眞紀子外相、外務次官は川島裕、野上義二（二〇〇一年八月から）、党幹事長山崎拓であった。

最初の変化は、田中外相の解任であった。田中外相は、二〇〇一年五月一日に発生した北朝鮮指導者の長男金正男《キムジョンナム》の不法入国事件を国外追放処置で大事にせず解決したが、次には対ロシア領土交渉を主導してきた東郷和彦欧亜局長と衝突して、混乱を生じさせた。東郷局長は鈴木宗男議員、佐藤優分析官と組んで、エリツィン大統領に川奈提案を出し、それがだめとなると、二島プラスアルファ案を推進した。二〇〇一年イルクーツク会談からの帰途、東郷局長は四島一括派の小寺《こでら》次郎ロシア課長に解任を通告した。これが実施され、小寺課長が英国公使に赴任すると、四島返還論の田中外相が介入して、英国の空港から小寺氏をよび返し、ロシア課長にもどすという暴挙に出たのである。その後も、田中外相は迷走をつづけ、東京で開催されたアフガン復興会議へのNGOの招待をめぐって野上次官と衝突した。ついに小泉首相は二〇〇二年一月外相と次官両者を解任することになった。後任外相には、民間人出身の川口順子環境相を横滑りさせた。

この事件のあとは、首相の官邸外交への志向が強まったと考えられる。小泉首相は郵政民営化に対する強い意欲を持っており、靖国神社参拝タブーを破ることにも執念をみせていた。小泉氏にとって、靖国参拝と村山談話支持とは矛盾せず、中国、韓国に対して侵略戦争、植民地支配を反省する気持ちを表明することも厭悪してはいなかった。小泉は派閥をこえて、同世代の自民党政治家加藤紘一、山崎拓とYKKという同志グループをつくっていた。ただしその三人の中で対北朝鮮政策への関心はもっとも低かった人であった。

小泉内閣時代になって、外務省のアジア大洋州局長の槙田邦彦は北朝鮮側のコンタクト・パーソンと接触をつづけていた。八月上旬、槙田はクアラルンプールで北朝鮮のアジア太平洋平和委員会常務委員黄哲《ファンチョル》と会って、協議した。年のはじめに森の使者中川秀直に伝えられた姜錫柱《カンソクジュ》の提案のようなことは話題にのぼらなかった。だが九月はじめの協議には新しい交渉者が出てきた。[1] この月のうちに、外務省の人事で、槙田はアジア大洋州局長のポストを田中均に譲ることになった。槇田はこの新しい北朝鮮のコンタクト・パーソンを田中に引き継いだ。

新局長の田中均は北東アジア課長のさいに大韓航空機爆破事件の犯人金賢姫をソウルで事情聴取したことがあった。チャイナ・スクールに属していなかったが、侵略戦争・植民地支配を反省謝罪する気持ちは強かった。アメリカ勤務のあと、日朝国交交渉に関わりたくて手を挙げてアジア局長になった人だった。田中は槇田から引き継いだコンタクト・パーソンと何度か会ううちに、この人と日朝秘密交渉を開始する考えを抱き、まず野上外務次官、ついで福田官房長官、古川官房副長官と話し、ついに小泉首相に提案するにいたった。二〇〇〇年におこなわれた第二ラウンドの三回の会談を総括し、秘密交渉で国交交渉を進め、あわせて拉致問題の交渉をおこない、最終的には首脳会談で成果をうるという考えだったのであろう。小泉首相がこの考えを受け入れて、ゴー・サインを出した。二〇〇一

2001年4月に発足した第一次小泉内閣

年一一月から田中は日朝秘密交渉を開始することになった。同行者は北東アジア課長平松賢司であった。

当然ながら田中としてはサンフランシスコ講和締結以後の共産国との国交樹立の前例をあらためて念頭においたはずである。一九五六年の日ソ国交回復、一九七二年の日中国交正常化、一九七三年の日本・ベトナム民主共和国国交樹立の三例がある。前二例はいずれも国内外に反対意見があり、交渉内容も難しく（領土問題や台湾との断交）、それぞれ首相が河野一郎、大平正芳《おおひらまさよし》といった大物閣僚を同行させ、日ソ共同宣言、日中共同声明に調印して、国交樹立を断行した。ベトナムとはパリ和平協定締結後、米軍撤退のあと、どさくさまぎれにパリで二カ月交渉しただけで、駐仏大使が国交樹立の交換公文に署名した。南ベトナムとは賠償協定まで結んでいたから、北ベトナムへも経済協力をすることが必要とされたが、その交渉は端的に先送りされたのだ。困難な国交正常化は首脳の決意、即決即断によってなされることが明らかであった。

†秘密交渉

だが田中の考えたのは、米国との関係であった。二〇〇一年には、米大統領ブッシュが一月の年頭教書で北朝鮮を「悪の枢軸」に数えるようになり、対北敵視への転換を打ち出した。九月には同時多発テロが仕掛けられ、ブッシュ大統領は一〇月にはアフガニスタン攻撃を開始する。田中は、この情勢の中で、北朝鮮が米国をおそれて、日本に期待をかける姿勢であれば、米国の対北圧力を交渉のために利用することができると判断した(2)。他方で、米国からの抑制、交渉反対論をはねかえすためには、秘密交渉をすすめるのが必要だと考えた。それでも交渉が成果をだせば、米国を説得できると小泉と田中は確信していたのだろう。さらに国内では拉致問題運動がますます強まっていたから、その点からもますます秘密交渉が必要になっていたのだが、こちらの運動を抑え込む必要性はあまり感じていなかったようだ。

小泉首相の意志で、秘密交渉は、官邸内では福田官房長官、古川官房副長官、別所総理秘書官のみ、外務省内では田中局長、平松課長の他は川口外相、野上次官、二〇〇二年二月からは竹内行夫次官だけにしか知らされずに進められた。もとより米国には知らせず、官邸内では対北強硬派安倍官房副長官には知らせないという非常手段をとったのである。

田中が交渉の相手としたのがのちに名高いミスターXである。国防委員会の人間だということは明かされたが、田中自身からはそれ以上の説明がない。ただし、二〇一一～一二年の韓国の報道では、この人物はのちに国家安全保衛部副部長にまで上がって、しかも最後には処刑された柳京《リュギョン》であるとされた。確認はいまだとれていない。

秘密交渉がどのように進められたかは、田中が何度も語っているので、知られている。田中はこの人物が金正日に直結する人物であることを幾度か確認するチェックをして、交渉を進めて行ったのである。交渉の期間にはさまざまな出来事もあり、事件もあった。秘密交渉開始の直後の一二月、東シナ海での不審船との銃撃戦、工作船の沈没という事件があり、翌二〇〇二年三月にはよど号関係者による有本恵子事件が浮上するにいたり、四月には拉致疑惑解決副大臣プロジェクト・チームが安倍官房副長官をキャップに設置されたのであった。だが田中はいささかの動揺もなく秘密交渉を進めた。

この間、小泉首相はブッシュ大統領との首脳会談を繰り返した。9・11直後の九月二五日の会談では、小泉首相は対テロ戦争で米国を強く支持することを表明した。翌二〇〇二年二月には東京で第三回会談、そして六月にはカナダで第四回会談をおこなうといった具合である。その間小泉首相は日朝秘密交渉について一言も話さず、ひたすら日米同盟強化の意志を表明しつづけたのである。交渉が明らかにされた時、米国に反対させないように布石を打ったと考えることができる。

田中局長の秘密交渉はめざましい成果をあげた。第一は、日朝国交の基本原則について明確な合意にいたり、日朝平壌宣言をまとめ上げたことである。具体的に言えば、植民地支配についての反省、謝罪を表明したうえで、賠償・補償をするのではなく、経済協力をおこなうことにしたのである。工作船の領海侵入と拉致工作については、北がこれをくりかえさないと誓約し、拉致被害者については首脳会談で回答することを約束した。田中氏の『国家と外交』には、首相訪朝時には金総書記が「拉致を認めて、謝罪」し、「情報を提供し、生きている人を帰すという約束をする」だろうと考えたとあるが、(3)約束されていたのは首脳会談のさいに回答するということのみであった。最後に核ミサイル問題については、地域の関係国の協議をおこなうことで合意した。交渉の過程では、六者協議という言葉を合意に入れることも検討された。(4)

†この間の救う会

この間日朝交渉が秘密裡におこなわれていたので、救う会系の運動は比較的静かであった。二〇〇二年年頭のブッシュ大統領の「悪の枢軸」発言は佐藤らを大いに勇気づけたようである。二月九日からは第三回北人権難民問題国際会議が東京で開催された。これは救う会が直接関わったものではなく、韓国の北韓人権市民連合（理事長尹玄《ユンヒョン》）と東大教授小川晴久が委員長をつとめる日本実行委員会が共催したものであった。参加者の中にはマーカス・ノーランドのようなまじめな学者も入っていたが、多くはドイツ人医師フォラツェンのような北朝鮮を攻撃するばかりの人々であった。三月には佐藤勝巳は『日本外交はなぜ朝鮮半島に弱いのか』（草思社）を出版した。この本で佐藤がもっとも強く批判した外務省官僚は田中均局長であった。とりあげられたのは、北東アジア課長時代の発言であった。佐藤が北朝鮮を批判したのを聞いた田中課長が気色ばんで、「われわれは過去に間違いをおかしているのだから、そうは言えない」と明確に反対したのである。外務省の建物の中でそういう言葉を「現職の北東アジア課長の口から聞こうとは夢にも思っていなかった」と佐藤は書いている。田中課長に注目するのは、阿南惟茂、谷野作太郎などの歴代のアジア局長がおなじ植民地支配謝罪派であるからだという。そういう人々の協力で村山談話という誤った政府文書ができてしまったのだと書いている。もう一人、この本で佐藤が強く批判しているのが和田春樹である。「和田春樹氏らの考えを端的に言えば、過去も現在も日本の政府をはじめとする支配階級のやることはすべて「悪」であり、したがって政府に対して過去の日本帝国主義の被害者である中国、北朝鮮、韓国などに「謝罪」するように要求するというものであり、それは村山富市内閣においてついに実現した」(5)。

四月には新しい拉致議連が設立されたが、会長に石破茂が就任したことは、救う会との微妙なくいちがいを生みかねなかった。もっとも副会長は小池百合子、幹事長は西村眞悟、事務局長は平沢勝栄と変わらない顔ぶれであったのである。この派の人々も完全に政府が進めた秘密交渉を知らなかったのである。

†日朝国交促進国民協会の活動

何も知らないのは日朝国交促進国民協会もおなじであった。協会は二〇〇二年の六月一五日になって、国民協会シンポジウム「北朝鮮問題と日本」を開催した。発題者は李鍾元《イジョンウオン》、和田春樹、それに韓国から招いた尚志大学教授徐東晩《ソドンマン》であった。そして、二〇日から二五日まで、国民協会第二次訪朝団が訪朝した。和田、高崎に、山室英男、水野直樹が加わった。個人的には、和田春樹は三月に『朝鮮戦争全史』(岩波書店)を出版した。この本はソ連体制の崩壊後、公開された秘密文書を全面的に分析して朝鮮戦争史を書き直した本であった。朝鮮戦争は二つの分断国家が最初は北から、ついで南から武力統一をめざして行った戦争であったが、北の統一は米軍、国連軍に阻まれ、南の統一は中国人民志願軍に阻まれて失敗におわり、戦争は朝鮮半島における米中戦争に転化した。これがこの本がうちだした朝鮮戦争像であった。この本に対して萩原遼が『諸君!』九月号で攻撃したが、説得力はなかった。和田は七月には、『朝鮮有事を望むのか——不審船・拉致疑惑・有事立法を考える』(彩流社)を刊行した。前年末の不審船撃沈事件の分析をおこなったほかは、拉致問題についてこの間に書いた文章、受けた批判に対する反論を集めた本である。

なお二〇〇二年前半には、森首相と組んで、ロシアとの領土問題交渉において決定的な転換をはかった三人組、東郷和彦前外務省欧亜局長、鈴木宗男議員、佐藤優情報分析官が「国賊」と攻撃され、背任罪をかぶせられ逮捕されるにいたったので、和田春樹はこの人々の弁護のためにも働かざるをえなかった。ちなみに東郷和彦はオランダ大使を解任されると、帰国せず、そのまま米国に事実上亡命したのである。この人々を支持していた者として黙っていることはできないと思った和田は、『世界』の五月号に「スキャンダルと外交」を書いて、東郷、佐藤を擁護した。

†秘密交渉が明らかになるとき

秘密交渉が合意に到達すると、田中局長は小泉首相と福田官房長官に報告し、その承認をえた。二〇〇二年八月二五日〜二六日、田中局長は平壌に赴いた。こんどは馬哲洙《マチョルス》アジア局長との日朝局長級会談がおこなわれた。姜錫柱外務第一次官との会談もおこなわれた。はじめての訪朝、はじめての公然たる会談であった。共同発表文も出された。「国交正常化交渉を早期に再開することの可能性につき検討する」、「今後一カ月をめどに意見の一致をみるべく努力する」と明記された。会談後の記者会見で田中は「包括性、時限性、政治的な意思の三つがキーワードだ」と言い切った。包括性とは、「拉致、核ミサイル問題を棚上げにしては、国交正常化するわけにはいかない」ということであり、時限性とは、正常化交渉にこれまで一〇年もかけてきたが、「短い期間で誠意をもって解決する」ということであった。「政治的な意思」とは、「北朝鮮側もトップの政治的な意思を通じて問題の解決を図るのが大事だ」ということである。この発言は翌月の日朝首脳会談の開催を示唆したものであったが、誰一人この言葉の意味を理解した人はいなかった。

この報告をうけて、小泉首相は首脳会談のため訪朝することを最終的に決断し、その準備がはじまった。まず、首脳会談をおこなうことを米国政府に通告することが必要だった。八月二一日外務省内の谷内正太郎総合外交政策局長、藤崎一郎北米局長、海老原《えびはら》紳《しん》条約局長に知らせた。その上で二七日には来日した米国アーミテージ国務副長官とケリー国務次官補に知らせた。聞かされた外務省幹部も米国高官も衝撃をうけただろう。田中氏は読売新聞の読者に語っている。「アーミテージ国務副長官が、大使館に戻ったら直接パウエル国務長官に電話をする、だから翌日小泉首相からブッシュ大統領へ電話をしてくれということになった」。小泉首相が電話すると、ブッシュ大統領は、あなたがやることだ、アメリカがなにも不満を言うことはない、と言った[6]。そこで、八月三〇日、全国民に向けて首相訪朝を発表することになった。官邸内の反対派である安倍官房副長官に知らせたのは、この日の朝のことであった。このことが安倍官房副長官のプライドに深い傷をあたえたことはまちがいない。だが、小泉首相はそのまま安倍副長官に平壌への同行を求めた。首相の外遊に同行するのは官房副長官の職務だからである。

「拉致被害者の家族会はこの発表を聞いて、喜んだ。救う会と家族会は記者会見し、「全員を取り戻すべく毅然たる交渉をしてもらいたい」という声明を発表した。もっとも救う会の佐藤勝巳らがどのような気分であったかはわからない。

日朝国交促進国民協会も同じように喜んだ。しかし、その人々の中に事務局長和田春樹の姿はなかった。和田はモスクワ大学での出張講義を引き受けていて、八月二九日、モスクワに向かって、飛び立っていた。首相の訪朝のニュースはモスクワで知ることとなる。事務局長の不在は一ヵ月つづいたので、国民協会は小泉訪朝にしかるべく対処できないことになった。

†発表の後

小泉首相は発表後ただちにアフリカでの国際会議参加のため外遊に出かけた。ここから米国からは猛烈な圧力がかかってきた。やはりアメリカとしては日本のような最も近い同盟国の首相が、北朝鮮という悪の枢軸の一国に行くということが認められないという気持ちがあったのだろう。アメリカは北朝鮮がウラン濃縮計画をもち、核兵器製造を準備していると疑っていて、そのことを日本がたしかめることをもとめたようである。(7)

九月七日、ソウルで開かれた北朝鮮に関する日米韓三国調整グループでケリー次官補と田中は言い合いになった。ケリーはウラン濃縮問題を念頭において交渉をすすめるようにもとめたので、田中はアメリカが自分で平壌に行ってたしかめるべきではないかと言ったようである。アフリカから帰った小泉は九月一二日、ニューヨークに行って、ブッシュ大統領と会った。このとき、ブッシュは小泉訪朝について支持を表明して、「北朝鮮の大量破壊兵器、ミサイル、通常兵器の問題に関心がある」と言っただけだった。ブッシュは濃縮ウラン問題にはふれなかった。

このような状況で、小泉首相と田中局長が首脳会談後にとるべき次のステップをどのように考え、どのように準備していたかが、問題となる。つまり、国交正常化への工程表をどのようにつくっていたのかということである。船橋洋一の『ザ・ペニンシュラ・クエスチョン』では、「小泉や田中は、すべてがうまくいった場合、一、二年以内に正常化を仕上げたい」と考えていた、「福田はもう少し慎重だった」とある。(8) 本当だろうか。

もちろん拉致問題について北朝鮮がどのような回答をだすのか、わからない段階でのことであるから、方針を立てにくかったことは理解できる。国交正常化の面では、基本問題はクリアされるとすれば、のこる経済協力の内容、規模、方式などについて交渉して、合意ができれば、国交正常化をおこなうとするのか、それとも、拉致問題の回答をえたら、拉致問題解決の交渉をおこなって、答えがでれば、国交正常化を断行し、経済協力の交渉は国交樹立後につづけることにするのか。だが、このどちらも考えられていた気配がない。そうではなくて、米国が気にしているウラン濃縮計画を含めて、北朝鮮の核開発問題での交渉を日朝首脳会談で打ち出す六者協議（南北朝鮮、米、日、中、ロ）で実現し、それが安定的に開始されれば、米国の支持をえて、日朝国交正常化を断行すると考えていたのだろうか。それだと、国交正常化はいつ実現できるのか、わからなくなる。それでもやはり田中局長は次のように考えていたのではないだろうか。

日本国内の世論や意見、アメリカ国内の問題、韓国の問題など、いろんなことを考えて、核の問題を動かすより他にはないと見ていた。核を持ったままの北朝鮮と国交正常化交渉はできない。一番の早道は、核の問題について交渉の道筋を作っていくということだが、日本だけではできない。アメリカを動かしてやるしかない。田中局長は二〇〇五年九月の六者協議の合意にあるように、いろんなワーキンググループを同時並行で動かすことを考えていたのかもしれない。

そうだとすると、日朝首脳会談のあとは、米国をうごかして、六者協議の体制をつくり、協議が進めば、米韓の支持をえて、日朝国交正常化に前進するというのが田中の構想だったということになる。(9)

†日朝首脳会談

二〇〇二年九月一七日早朝、小泉首相は日帰りの平壌訪問の旅をはじめた。日朝首脳会談に向けての旅である。訪朝団は、首相、安倍官房副長官、別所秘書官、高野紀元外務審議官、田中局長、平松賢司北東アジア課長という顔ぶれであった。首相以外に有力政治家を欠いており、逆に官邸内反対派の安倍副長官を入れているのでは、首相が力強い政治パフォーマンスを決断することはできない。一行は九時二三分、平壌順安空港に到着した。

直ちに田中局長らは準備の打ち合わせに臨んだが、その席で朝鮮側は拉致問題についての説明を口頭でおこない、打ち合わせ終了時に一三名拉致、五名生存、八名死亡という紙を渡した。それには死亡者名のみで、死亡年月日は記載されていなかったという(10)。

首脳会談がはじまった。午前の会談で話したのはもっぱら小泉首相であって、金正日委員長は聞き役に徹していた。渡された拉致被害者一三名のリストについての説明はなかった。昼休みの時間になり、日本側は日本から持参した弁当を食べながら、午前の会議について意見を交換した。一致して、北朝鮮側が拉致について何も言わないのであれば、会談を続けることはできないという意見が述べられた。午後の会談がはじまると、金正日委員長が拉致問題について説明し、謝罪した。午後の会談の中で小泉首相は、米国の要請にしたがって、ウラン濃縮計画について、金正日委員長に質問した。しかし、当然ながら、金正日委員長は何も答えなかったのだろう。

†日朝平壌宣言

首脳会談では、日朝平壌宣言が確認され、両首脳が署名した。この宣言の前文にはこのように明記された。

「両首脳は、日朝間の不幸な過去を清算し、懸案事項を解決し、実りある政治、経済、文化的関係を樹立することが、双方の基本利益に合致するとともに、地域の平和と安定に大きく寄与するものとなるとの共通の認識を確認した」。

第一項は次のようなものであった。「双方は、この宣言に示された精神及び基本原則に従い、国交正常化を早期に実現させるため、あらゆる努力を傾注することとし、そのために二〇〇二年一〇月中に日朝国交正常化交渉を再開することとした。双方は、相互の信頼関係に基づき、国交正常化の実現に至る過程においても、日朝間に存在する諸問題に誠意をもって取り組む強い決意を表明した」。

第二項は核心部分である。まず「日本側は、過去の植民地支配によって、朝鮮の人々に多大の損害と苦痛を与えたという歴史の事実を謙虚に受け止め、痛切な反省と心からのお

2002年9月17日、日朝首脳会談。握手する両首脳（写真提供：共同通信社）

詫びの気持ちを表明した」と村山総理談話の内容を朝鮮の人々にむけて表明した。ついで、この過去の反省と謝罪に立っておこなわれる経済協力が説明された。「双方は、日本側が朝鮮民主主義人民共和国側に対して、国交正常化の後、双方が適切と考える期間にわたり、無償資金協力、低金利の長期借款供与及び国際機関を通じた人道主義的支援等の経済協力を実施し、また、民間経済活動を支援する見地から国際協力銀行等による融資、信用供与等が実施されることが、この宣言の精神に合致するとの基本認識の下、国交正常化交渉において、経済協力の具体的な規模と内容を誠実に協議することとした」。

ついで請求権の相互放棄の原則が確認され、在日朝鮮人の地位と文化財の問題についての協議が約束された。「双方は、国交正常化を実現するにあたっては、一九四五年八月一五日以前に生じた事由に基づく両国及びその国民のすべての財産及び請求権を相互に放棄するとの基本原則に従い、国交正常化交渉においてこれを具体的に協議することとした。双方は、在日朝鮮人の地位に関する問題及び文化財の問題については、国交正常化交渉において誠実に協議することとした」。

第三項は、戦後の日朝関係において存在した不正常な状態を終わらせる措置について規定している。「双方は、国際法を遵守し、互いの安全を脅かす行動をとらないことを確認した。また、日本国民の生命と安全にかかわる懸案問題については、朝鮮民主主義人民共和国側は、日朝が不正常な関係にある中で生じたこのような遺憾な問題が今後再び生じることがないよう適切な措置をとることを確認した」。北朝鮮側は工作船の派遣、日本領海の侵犯、工作員の不法上陸、不法活動を今後おこなわないことを約束したのである。

第四項は、「東北アジア」(朝鮮語)、「北東アジア」(日本語)地域の協力、安全保障に関する対話と問題解決、協議を規定している。

「双方は、北東アジア地域の平和と安定を維持、強化するため、互いに協力していくことを確認した。双方は、この地域の関係各国の間に、相互の信頼に基づく協力関係が構築されることの重要性を確認するとともに、この地域の関係国間の関係が正常化されるにつれ、地域の信頼醸成を図るための枠組みを整備していくことが重要であるとの認識を一にした。

双方は、朝鮮半島の核問題の包括的な解決のため、関連するすべての国際的合意を遵守することを確認した。また、双方は、核問題及びミサイル問題を含む安全保障上の諸問題に関し、関係諸国間の対話を促進し、問題解決を図ることの必要性を確認した。朝鮮民主主義人民共和国側は、この宣言の精神に従い、ミサイル発射のモラトリアムを二〇〇三年以降も更に延長していく意向を表明した。双方は、安全保障にかかわる問題について協議を行っていくこととした」。これは六者協議を実現することをめざす規定である。ミサイル発射のモラトリアムの延長が約束されたのは大きな意義がある。

かくして、日朝国交正常化の原則が確定され、残る問題は経済協力の内容、規模、形態だけとなった。日朝両国は国交樹立の一歩手前まで進んだのである。

会談が終わって、別れる時、金正日委員長がテレビ・カメラの前で、「国交正常化ができたらまた会いましょう」と小泉首相によびかけたのは当然の期待であった。

†記者会見

だが、小泉首相には北の告白、謝罪によって明らかにされた拉致問題の現実が立ちはだかっていた。政府はこれまで公式には八件、一一人の拉致疑惑者を登録していた。ところが、北は、一三人拉致という驚くべき回答を出した。久米裕の入国は否定したが、欧州組の石岡亨、松木薫も拉致とみとめ、全く知られていなかった曽我ひとみを生存被害者に加えて発表した。生存者五人、死亡した者八人という通告は残酷な印象をつくりだした。しかも北の出したデータは不完全なもので、混乱を含んでいた。

会談のあと、平壌で小泉首相は記者会見をおこなった。首相はまず平壌に来て何を達成したかを語るべきであったが、拉致問題から語りはじめた。北の回答をえて、安否確認ができた、亡くなられた人を「思うと痛恨の極みだ」と述べた。それから正常化に真剣に取り組むが、そのためには北が拉致と安全保障の問題に誠意を見せる必要があるとした。そして拉致問題にもどり、金正日委員長から謝罪があった、家族との再会、本人の意思による帰国を実現したいと述べた。これで「諸問題の包括的な促進が図られるめどがついた」、「問題解決を確実にするため正常化交渉を再開させる」と宣言した。

この主文はあいまいで、迫力を欠くものであった。何よりもこの記者会見の中で、平壌宣言の内容を全く説明しなかったことがよくなかった。とくに宣言の冒頭で、植民地支配によって、朝鮮の人々に多大の損害と苦痛を与えたことを認め、反省謝罪するとしたこと、したがって日本は朝鮮に対して、国交正常化後に経済協力をおこなうことを明確にしなかったことは致命的な沈黙であった。首相はそれから工作船問題や地域の安全保障について協議を立ち上げたいと述べ、平壌宣言の原則と精神が守られれば、日朝関係は敵対から協調へ向けて大きく進むと結んだ。[11] 工作船問題は、北が二度と送らないと平壌宣言の中で約束している。これ以上協議する必要はないのである。

平壌宣言の原則で日朝関係がよくなっていくとは何を意味するのか。国交正常化が実現されると言わないのはどうしてか。質疑応答の中で「日朝関係の正常化を図るためにも、まず交渉が必要だ」と述べたが、これでは一〇年来断続的に交渉をつづけてきた過去の継続になってしまい、平壌宣言調印で何を達成したのか、わからないようにしてしまっている。ここはっきりと平壌宣言の調印で国交正常化に進む準備ができた、拉致問題の解決を図って、次は国交樹立に進みたい、と述べるべきだった。

拉致問題については、拉致を認め、謝罪したのだから、償い金を支払え、生存被害者は全員解放し、帰国させよ、死亡したという被害者については状況の正確な説明と必要な措置をとれ、この点について次に交渉するとはっきり述べるべきであった。核とミサイルの問題が解決しなければ、国交正常化へ日本が進むのをアメリカが許さないだろうと考えていたとしても、そんなことを国民に向かって言うことはできないはずである。

さらに首相は、国交樹立へ前進するつもりなら、帰国の飛行機の中で安倍副長官にやめてもらうという意向を伝え、それを実行すべきであった。政府の体制をかためなければ、この状況で突撃はできないのである。しかし、国内でおこりうる強力な逆流を警戒しなかった首相は政権の結束をかためなければならないというような考えをもたなかった。

†米国への報告

帰国後小泉首相が真っ先にしたのは、ブッシュ大統領への電話報告であった。濃縮ウランの問題を提示したということもあるので、ブッシュ大統領へ報告をした。そこで小泉首相は、「日本は自分たちの問題を解決するために行ってきた。ブッシュ大統領も代表団を出して、核の問題について前に進める努力をしてくれ」と言ったようである。(12)国民への報告はどうするつもりだったのか。羽田に帰った首相は国民向けに記者発表をしなかった。首相は拉致被害者家族にも会わなかった。翌朝家族のもとを訪問したのは安倍副長官だけであった。田中均局長もこの日拉致家族のもとを訪問し、蓮池透氏らに罵られたらしい。いずれも総理大臣がただちに家族会と面会しなかったことは致命的な失敗であった。

だが首相は、当然ながら自民党の幹部には説明し、ついで野党党首にも会って説明した。山崎拓自民党幹事長は「首相は毅然たる姿勢で臨み立派だった」と述べ、「正常化交渉の中で拉致完全解決を目指したい」と支持を表明した。公明党神崎武法代表も「懸案事項を解決」し、「正常化にむけた合意がなされた」、「歴史の一頁」をひらいた「意味ある訪朝」

だと評価した。だが、鳩山由紀夫民主党代表は「国家的犯罪を厳しく追及しておらぬ」、「国交正常化交渉再開に入ったのは急ぎすぎ、国益を損なった」と否定的であった。土井たか子社会党党首は「真摯な交渉」を望むと支持しながらも、拉致の事実に「強い衝撃を受けている」と動揺を示した。志位和夫共産党委員長は「包括的に道筋がつけられた」、「再開は妥当」だと支持を表明した。

新聞各社の翌朝の社説を見ると、評価はさまざまであった。朝日は「悲しすぎる拉致の結末／変化促す正常化交渉を」と見出しをつけるが、本文では首相の決断、植民地支配謝罪の表明を支持すると書いている。毎日は「許しがたい残酷な国家テロだ／拉致究明なき正常化はない」と見出しをつけ、消極的である。読売は「北は平壌宣言を誠実に守るか」と見出しをつけ、「原則的立場」を堅持し、「安易な妥協」をするな、「日朝関係が突出する、先行する」のに反対だ、とさらに消極的な態度である。

他方で、世論調査の結果は、はっきり小泉外交に対する国民的支持を示した。九月二〇日の朝日は、「会談評価する」が八一パーセントである。北の拉致説明に納得した人は一五パーセントしかいないが、国交賛成は五九パーセントに達している。同日の読売は、会談評価するが、八一・二パーセントであった。国交正常化については、「できるだけ急げ」が二〇・五パーセント、「正常化すべきだが急ぐ必要なし」が六八・四パーセント、「正常化すべきでない」は五・五パーセントであった。

†家族会と救う会の反応

だが、救う会全国協議会の態度は否定的、反発的であった。九月一七日当日の夕刻、植竹繁雄外務副大臣によって平壌で明らかにされた結果が福田官房長官とともに家族へ伝達された。そもそも平壌が拉致を認めて謝罪するということ自体が救う会にはおどろきであった。救う会全国協議会事務局長であった荒木和博はこの時の自らの気分を「万事休す」と表現している。(13) 国交正常化への大きな前進にうろたえる気分だったのだろう。家族にとっては、拉致が認められ、事実となったということで衝撃をうけ、さらに生存、死亡の通告でそれ以上の衝撃、悲しみ、怒りの感情が爆発した。家族の一般の意見は、増元照明の言葉、「証拠隠滅のため、殺された可能性が大だ」、有本嘉代子の言葉、「どういう死に方をしたのか、それだけはきっちり聞きたい」に代表されている。拉致されて、死んだと言うなら、北朝鮮が殺したのではないかというふうに考えるのが自然であった。

記者会見で、横田滋は、涙を流し、いい結果を待っていたが、「結果は死亡という残念なものであった」、ただ、結婚して、女の子がいると言うことを聞かせてもらったと語った。だが、横田早紀江は涙も見せず、次のように語った。「日本の国のために、このように犠牲になって苦しみ、また亡くなったかもしれない若者たちの心のうちを思ってくださ い。……私たちが一所懸命に支援の会の方々と力を合わせて戦ってきたこのことが、大きな政治のなかの大変な問題であることを暴露しました。そのようなことのために、めぐみは犠牲になり、また使命を果たしたのではないかと私は信じています。本当に濃厚な足跡を残していったのではないかと、私はそう思うことで、これからも頑張ってまいります。まだ生きていることを信じつづけて戦ってまいります」。

これは驚くべき決然たる、政治的な立場の表明であった。九月一七日に発されたすべての言葉の中でもっとも光をはなつ決意の言葉であった。つまり、横田めぐみは大きな悪に抗して闘い、犠牲になって倒れた。その行為によって悪を暴露するという使命、意味ある役割を果たした。自分はその娘の闘いを続けて、悪を許さず、闘っていく。娘は死んだかもしれないが、自分がこれから闘うにあたっては、娘はまだ生きていると考えて、闘っていく。横田早紀江がそのように考えた気持ちは理解できる。その気持ちでこれから二〇年間闘いつづけていくのである、北朝鮮を許さずに。だが、これは被害者家族の闘争宣言としては理解できるが、日本国民としてはこのような闘争宣言を発することはありえないものである。

この日一七日夜、家族会代表横田滋と救う会全国協議会会長佐藤勝巳の連名の声明が出された。生存者四人の原状回復を求める、死亡と発表された六人の状況をあきらかにせよ。この二点を要求した上で、次の主張がなされた。拉致は「許されざる国家テロ」であり、「絶対に許すことはできない」。このことを「知らされながら、国交正常化交渉を始め」たのは「国民に対する重大な背信」であり、「絶対に許しがたい」。方針を撤回せよ。このような「異常な行動は、およそ国家というに値しない」。このような日本国の状況と徹底して闘う。(14) これはまさに異常な声明であり、政府も国民も受け入れがたい。この声明は新聞各紙には報道されなかった。

だが一八日になって、救う会佐藤勝巳会長は単独で新しい声明を出した。冒頭、北朝鮮が提出した「安否情報」は「まったく根拠のないものだ。日本政府はいま現在までその情報が事実かどうか確認していない。つまり、死亡とされた八人は現在も生きている可能性が高い。それなのに、一七日、日本政府が家族に「死亡しています」と伝えたことにより、現在も生きている被害者が殺されてしまう危険が高まっている」と述べている。政府が死亡と伝えると、生きている者が殺されるというのは完全なるデマゴギーである。核心は死亡したと北朝鮮が言っても、根拠を示していない以上、生きている可能性が高いと言い切ったところにある。この声明は、さらに横田めぐみの娘は北が「準備」した人であるとして、偽物だと示唆している。救う会は横田めぐみが生きている情報を二つもっていると述

べている。(15)

北朝鮮はうそをついているということを前提にして、北が死んだという被害者は生きている可能性が高い、いや生きている、ただちに全員を帰せと主張するこの声明は以後の救う会活動の土台をつくる声明となった。死んだということを受け入れれば、残るのは謝罪と賠償を要求するだけであり、運動は遠からず終了するが、死んだと言うのは嘘だ、生きているのだから、帰国させよと言えば、永久に闘争をつづけることが可能になるのである。家族会は当然にこの主張にすがりつき、この要求項目は途方もない力をもつようになったのである。

†外務省と家族会・救う会との応酬

外務省と家族会・救う会との応酬がただちにはじまった。九月一九日、小泉首相は、午前ホテルでの内外情勢調査会で講演をし、午後には内閣記者会でインタビューをうけた。質問は拉致被害者のリスト問題に集中したが、首相は事実解明に全力をつくすと述べただけであった。首相はそのまま二一日にはアジア欧州会合(ASEM)第四回首脳会議出席のためコペンハーゲンへ出発してしまう。家族が目の前に見るのは、田中局長と安倍官房副長官、それに平壌に行かなかった川口外相だけである。

この局面で政府は家族訪朝を交渉再開前に実現する方向で調整していると朝日新聞一九日夕刊が報じている。これは北側が家族面会に便宜をはかると言ったのをうけた提案であろうが、これを受けるのは筋の通らぬ態度であった。救う会の佐藤会長の二五日の意見書で簡単に拒否されてしまうことになる。

九月二〇日の衆議院外務委員会では、川口外相と田中局長が答弁した。議員の質問はほぼ拉致問題に集中した。石破議員が一〇月の会談の前にも拉致被害者家族が訪朝できるようにしてほしいと求めると、田中局長は「できるだけ早い機会にご家族の北朝鮮への訪問を実現させる」ことについて、北朝鮮側との折衝に取り掛かっていると答弁した。川口外相は、外務省に被害者家族支援室を立ち上げつつあると述べた。田中局長は安否リスト問題をしつこく訊かれ、陳謝することになった。救う会全国協議会と家族会は、これに対して田中局長に公開質問状を出すことになる。

このとき、田中局長は平壌とのチャンネルを利用して、さらなる打開策を求めたようにみえる。というのは、九月二五日、田中局長は出された公開質問状に回答書を出したが、その中で事実調査チームを二八日に出すと明らかにしたからである。

この回答書に対しては、佐藤勝巳救う会会長が「現時点における私たちの立場」という文書を出し、家族訪朝提案に反対するとともに、生存者を一ヵ月以内に帰国させよと要求し、家族会の外務省不信が強いので、安倍中心のプロジェクト・チームに一括した対応をしてもらうのをのぞんでいると述べた。[16] 露骨な田中不信任、安倍介入待望の表明である。

九月二六日、川口外相、田中局長は参議院決算委員会で答弁したが、このとき、田中局長は自民党議員海野徹の質問に答えて、今後の交渉の方針を次のように説明した。「決して正常化に今回の首脳会談で合意したわけではなくて、ピョンヤンの首脳宣言に書かれている精神とか原則に従った正常化、正常化に至る前においてもいろんな問題について誠意を持って取り組む、そういう合意の下で今後事実関係の究明を行っていくということでございます」。明らかに国内の世論、国会での質疑の雰囲気で田中は相当に押しもどされていた。田中はこの日の答弁中に外務省の不手際を責められて落涙した。朝日は「涙の答弁」と報じた。[17] この日外務省の家族支援室構想は撤回され、内閣府に参与室が設置され、元大蔵官僚、元ウズベキスタン大使の中山恭子が参与に就任した。

ようやくここにいたって、九月二七日、小泉首相が、家族会と初めて会った。小泉首相が言ったことは、「拉致問題の解明なしに、日朝の正常化はない」ということだった。とんでもない方針の修正であった。家族会代表の横田滋は、生存者五人の一カ月以内の帰国を求める、歴代外務省担当者の責任を問う、認定被害者一一人以外の人々をどう救うのか、安倍副長官を窓口にしてもらいたいとの要求書を読み上げた。これは救う会と共同で作成したものであろう。首相との会見は双方にとって苦いものにおわった。
翌九月二八日に齋木昭隆参事官ら調査チームが訪朝した。

†アメリカの動き

この間にアメリカの動きが始まっていた。一〇月三日から五日にかけて、ケリー国務次官補が訪朝することになった。このケリー訪朝団は、国防総省、ホワイトハウス、国務省、財務省を巻き込んだ大型代表団であった。この団が東京からソウルに入ったとき、応対した林東源《イムドンウォン》大統領特別補佐役は、北が高濃縮ウラン計画を進めている「証拠」がある、これを廃棄せよと通告しに行くというケリーの言葉にネオコン強硬派の主張を聞く思いがして、言葉を失ったと書いている。ケリー国務次官補は平壌で姜錫柱と会談し、言い合いになった[18]。

姜が米国が「悪の枢軸」と言って攻撃するなら、核兵器はもとより、もっと強力なものももつほかないではないかというのを聞いて、ウラン濃縮計画を認めたととったという見方もあるが、米国側は、姜がはっきりウラン濃縮計画は存在すると認めたと報告した。一〇月五日、ケリー代表団は平壌を離れ、ソウルに入った。ソウルでも韓国政府に伝え、翌日には東京に来て、ケリーは官房長官と外相に訪朝結果を通告した。これは明らかに米国が日朝交渉の進展にブレーキをかけたのである。

アメリカの動きは日本の交渉をとめるだけにとどまらない。ケリー代表団の報告をうけて、ブッシュ政権内部のネオコン派、チェイニー副大統領、ラムズフェルド国防長官、ウォルフォビッツ国防次官、ボルトン国務次官は一斉に北朝鮮への重油の供給をストップさせ、米朝枠組合意を破棄することをめざすことになる。

結果的に起こったことは、ウラン濃縮計画があるということで、米朝の関係はつぶれされ、小泉首相訪朝もつぶされそうになったのだ。

†反対勢力の逆襲

この状況で、小泉首相の日朝国交樹立へ向かう動きに反対する国内勢力の総反撃がはじまった。小泉訪朝、日朝首脳会談、田中局長の秘密交渉に対する反感、反発、非難、攻撃は、九月一七日以前から、主要な週刊誌によっておこなわれていた。『週刊新潮』は「いまからでも遅くない、訪朝はドタキャンせよ」と主張し、『週刊文春』は「愚かなり小泉訪朝」、「小泉首相よ　あなたは無法国家と手をむすぶのか？」と書いていた。

九月一七日以後、これらの週刊誌は一斉に、小泉首相と田中局長を攻撃した。九月二六日発売の『週刊文春』一〇月三日号は巻頭グラビア「嘘で固めた小泉訪朝」を掲げ、そのトップに田中局長の写真をのせ、「外務省田中均局長殿　拉致家族の目を見て真実が話せますか？」と書き、さらに小泉首相の写真をのせて、「やはり目をそらしている小泉首相どうしてもっと早く謝罪しないのか」と書いた。本文の総力特集は「痛恨会談のA級戦犯たち」で、中山正暉、小泉総理を特筆した上で、「八人を見殺しにした政治家・官僚、言論人、一死以て大罪を謝せ」をのせ、阿南惟茂、槙田邦彦ら外務省幹部、金丸信、石井一、鳩山由紀夫ら政治家、吉田康彦、和田春樹ら大学教授を非難した。

九月三〇日に小泉改造内閣が発足して、拉致議連会長石破茂が入閣したため、議連会長の後任には安倍晋三の盟友中川昭一が就任し、この陣営の連携が強化された。

一〇月二日に出た『諸君！』一一月号は特集「テロ国家に舐められてたまるか」を組み、拉致議連事務局長平沢勝栄の「国賊外務官僚田中均の暴走」、石原慎太郎「こんな売国奴は殺されているな」を載せた。三日発売の『週刊新潮』一〇日号は特集「金正日に馬鹿にされた小泉訪朝つらい後始末」を載せた。そして、一〇日発売の『文藝春秋』一一月号は特集「非道なる独裁者」を組み、「李恩恵は地下室で殺された」、「金王朝五十四年の罪業」、「北が入手した小泉の身上調書」、萩原遼「金正日にまた騙されるのか」、「独断外交官田中均とは何者か」、中西輝政・平沢勝栄・福田和也「小泉総理は虎の尾を踏んだ」、西岡力「死亡四人に確実な生存情報」を載せた。さらに石井英夫「親朝派知識人、無反省妄言録」

を載せ、日朝国交のために努力した人々を撫で切りにしている。村山富市会長も、和田春樹も非難された。

†日朝国交促進国民協会の評価

首相の訪朝、首脳会談、日朝平壌宣言、北朝鮮の拉致実行承認と謝罪について積極的な評価はまず、九月三〇日、同志社大学の板垣竜太、滋賀大学の河《かわ》かおる、京都大学の駒込武ら関西の関心を持つ研究者が中心となって出した「日朝間における真の和解と平和を求める緊急声明」に見られた。拉致は「犯罪」であるが、日本の「強制連行」「慰安婦」問題も忘れてはならぬと指摘し、自国の犯罪的な行為を黙認しながら、他国の犯罪的な行為を一方的に指弾することは許されないと国内の風潮を批判した。その上で、日朝間の国交正常化交渉再開を歓迎すると述べ、「和解と平和のプロセス」がはじまる今こそ歴史を省みるべき時だと主張した。最終的にこの声明の署名者は五〇〇〇名を超えた。

新聞では、一〇月七日に和田春樹が朝日新聞夕刊の文化欄に「日朝関係を考える」を書いた。「拉致解明と国交交渉は不可分／「敵対の四〇年・失われた一〇年」を越えて／「正規国家」へと促す契機／東アジア安保の土台作れ」という見出しがつけられた。和田はモスクワ大学の講義のあとに、インターネットで新聞記事を検索し、「一二人拉致、八人死亡の報道に衝撃を受けた。むごい権力犯罪の結果である」と書いている。「横田さんも拉致されており、娘さんを残して死んでいるという。実に無惨である」。和田は、テロも拉致も認めたことのない北朝鮮の指導者が「自分の国家のおかした犯罪を認め、謝罪したのは大きな転換である」と認め、北朝鮮が「日朝国交樹立をそれほど本気で望んでいる」と理解し、「日本の独自外交の幕をあけた小泉首相の決断」に敬服すると述べた。抗日武装闘争を国家神話とする「遊撃隊国家」が拉致を認め、謝罪したとするなら、日朝国交樹立は「北朝鮮に確実な変化をもたらす」。これによって「東北アジア平和の土台を築くことは日本にしかできない誇るべき国際貢献である」。

一〇月一〇日に出た『中央公論』一一月号には北岡伸一の論文「戦後日本外交史に残る成功である」が載った。北岡は「北朝鮮側の発表を、そのまま事実として家族に伝えた(らしい)ことと、死亡年月日についての情報の伝達を遅らせたことは、大きな失態だった。しかし両国間の交渉だけを見れば、これは戦後日本外交史に残る成功である。日本の国益にとって大きな成果であるのみならず、東アジア戦後国際関係史にあらたな一ページを開くものであると考える」と絶賛した。

だが、これらの声明、論文は世論に影響を与えられなかった。

†五人一時帰国という愚策

一〇月一日に齋木調査チームが平壌から帰国した。その報告がさまざまな波紋、反発を呼び起こした。持ち帰った松木薫の遺骨は鑑定の結果、本人のものでないという結論になり、混乱をまねいた。三日には、福田官房長官が、国交交渉を一〇月中に再開すると発表した。このころ、小泉首相、福田官房長官、川口外相、田中局長らが話し合って、平壌に五人の一時帰国を要請することを決め、実施したようだ。田中均の本、『外交の力』には、九月一七日以後、五人の帰国を求める交渉をつづけていたとある。[19] 一時帰国であっても、はやく帰国させるということにこだわったと書いている。船橋洋一は、米国が北のウラン濃縮を持ち出したので、田中局長が逆流を心配して、五人の「一時帰国」をミスターXにのませたのだと書いている。[20] とにかく五人の「一時帰国」は小泉政府の案であったのだろう。しかし、これは二〇〇二年の日朝交渉を失敗に終わらせることになる致命的な愚策であった。

五人の生存者の帰国は首脳会談以後の日本政府の基本的な要求であったはずである。五番目の生存者曽我ひとみが母親と行方不明になっていた佐渡の女性であることは九月二〇日にはわかっていた。彼女が北朝鮮に亡命した米軍脱走兵チャールズ・ジェンキンスと結婚していることは齋木調査チームの報告で明らかになった。とすれば、彼女とあとの二組の夫婦、蓮池夫妻と地村夫妻とは明らかに立場が違う。要求の出し方も慎重に考えなければならないはずである。そこが考えられた形跡がない。家族会と救う会は一時的帰国など一度も要求しておらず、一時的帰国に賛成するはずもない。他方で、生存者が五人だと北が言った以上、彼らとその子供たちの帰国以上に北が日本に与えうるものはないのである。

北としては、国交正常化したら、五人を最終的に帰国させると考えていたと見るのが自然である。だから、いまは一時帰国させる。子供を人質にとっているし、五人は北朝鮮に忠実だから、一時的に帰国させても、かならずもどってくると北朝鮮が考えたとしたら、甘い見方である。それで一時的に帰国させて、日本側が五人を北朝鮮にもどさないことにしたら、北朝鮮は約束違反だとして、激怒するだろう。この局面で約束をやぶることは致命的である。

一〇月八日、北朝鮮が、突然、五人が一五日に「一時帰国」すると通知してきた。すると、翌九日、政府の関係閣僚会議が、生存者の「一時帰国」を受け入れ、一〇月二九・三〇日に国交交渉を再開すると決定したと発表した。交渉基本方針も決定したとされ、拉致を最優先事項とする、安全保障協議を立ち上げる、慎重に交渉する、日米韓連携下で進めるとの方針が発表された。

一〇月一〇日の衆院外交委員会には、安倍副長官が政府委員としてはじめて出席し、自民党議員の質問にこたえて、小泉訪朝を知らされたのは発表当日の朝であったと答弁している。野党議員はますます激しく政府の方針を追及し、ついに東祥三議員は拉致の通告を受ければ、断交するはずなのに、国交交渉再開を決めたと言って、日朝首脳会談自体を非難した。安倍氏の存在がますます大きくなったこと、および政府内反対派であることが明らかになった瞬間であった。逆流が音を立てて、流れ始めた。

一〇月一三日、家族会は、五人が帰れば、北には帰さないということで合意した。そして一五日、拉致被害者五人が帰国した。国民協会は初の声明「国交正常化早期実現に向け、交渉の再開をうたった平壌宣言を支持する」を出し、福田官房長官に伝達したが、すでに情勢に完全に立ち遅れた無力な声明であった。福田長官の部屋で声明を差し出した時、テレビが五人の羽田到着を報じていたのを思い出す。この声明を出したことで、鈴木伶子理事は辞表を出して、協会を去った。キリスト者であるこの人は、平壌宣言が日韓条約と同じ経済協力を明記したことを認めることができなかったのである。

一〇月二二日、安倍副長官、中川拉致議連会長、平沢事務局長、佐藤救う会会長、荒木事務局長の五者会談がおこなわれた。五人を帰さないという方針が決められたのであろう。二三日、安倍副長官が家族会と会った。二四日、蓮池薫が中山参与に電話し、自分たちは帰らないと伝えたといわれている。午後、拉致議連は、五人を返すなという要望書を提出する。安倍副長官が動き、五人を帰さないという政府方針が決まった。[21] この間、曽我ひとみからどのように意思確認がさなれたのであろうか。

一〇月二九日、クアラルンプールで日朝交渉第一一次会談がはじまったときには、日朝間はすでに深刻な対立状態にあった。鈴木勝也大使と藪中三十二《やぶなかみとじ》局長が、五人は帰らぬ、家族を返せと言い、死亡八人の疑問点を問いただすと、北代表鄭泰和《チョンテファ》と朴龍淵《パクリョンヨン》は五人を帰せと主張し、それ以上協議することは不可能だった。日本側は核ミサイル問題が解決しなければ、過去清算の協議に応じられないと述べ、事実上交渉を不可能にし、次回の日程についての北側の提案にも応じなかった。

キム・ヘギョンさんのインタビューは一〇月二六日に朝日と毎日に掲載され、フジテレビで放映されたが、これに対しても、救う会は「北朝鮮の謀略に乗った」と非難した。

†国交阻止勢力、勝利の凱歌

二〇〇二年の終わりには、まず日朝国交促進国民協会が一二月二一日、シンポジウムを開いて、日朝国交交渉を検証した。第一部では「日朝交渉と懸案問題」を小此木政夫、小牧輝夫、和田春樹が論じた。小此木は、一一月の国連安保理事会でイラクが大量破壊兵器を製造している疑いがあるとして、全面査察を実行するなど、米国を先頭にした列国のイラク攻撃が迫っている危機的な世界情勢の中で、北朝鮮の核兵器問題もこれから深刻化する、だから日本が日朝国交正常化という飴玉を出して、核開発をやめるなら、国交正常化するというような外交をしなければならないし、そこに可能性があるというような話をした。和田春樹は、五人の日本残留を北朝鮮に通告した上で、国交交渉を無条件再開して、子供たちの問題を解決するよう条件を整えていくしかないというようにかなり消極的であった。[22]

北朝鮮拉致被害者が帰国。2002 年 10 月 15 日（写真提供：アフロ）

日朝国交促進派は首脳会談と日朝平壌宣言が粉砕されるのを目の当たりにして、ショックをうけて、落ち込んでいたのである。

他方で、小泉訪朝、日

朝平壌宣言に基づく日朝国交正常化をつぶした勢力は二〇〇二年の終わりに勝利の凱歌《がいか》をあげ、その真の相貌をあらわにしていた。

一一月二四日、東京ビッグサイトで開催された救う会全国協議会特別研修会で佐藤勝巳会長は基調講演して、述べた。「五人が帰って来た瞬間が、我が国の戦後五十数年間の、対北朝鮮政策が質的に変わった瞬間です。……端的に申し上げれば、安倍晋三官房副長官に、拉致問題のイニシアチヴが移行した瞬間です。即、それは外務省から拉致問題が事実上離れた瞬間です」。その意味をさらに説明した。「テロ国家を相手にして、話し合いで拉致というテロの原状回復を勝ち取れるなどというのは夢物語に他なりません。交渉は戦いの手段にしか過ぎないのです」。北朝鮮と武力で戦えと主張するわけではない。政治戦争、外交戦争で戦おうとよびかけるのである。「私は、……政治、外交によって解決して行く道を提示したい。この場合の政治、外交とは、北朝鮮のあの軍事独裁政権を内部から崩壊させる工作をすることです。政治的、外交的に圧力をかけ、さらに内部工作を行えば、内部矛盾が拡大して、金正日政権が崩壊すれば、拉致の問題も、軍事的脅威も一挙に解決します。これを実行する勇気が有るか無いか、後はそれだけです。これを是非とも、我が国の政府に期待を致したい」。

つづけてこの日に副会長になった西岡力も同じことを力説した。「金正日が拉致をしたのです。拉致の責任者は金正日であって、その目的は金正日がこれまで行って来たテロリズムなんです。つまり、金正日政権の存続と拉致問題解決は両立しないんです」。「拉致の命令者は金正日である。従って、私たちの戦いは、あの政権そのものとの戦いなんだ(23)」。

これが仲間内の議論だというだけではない。一二月一〇日、衆議院安保委員会で佐藤勝巳、フォラツェン、中江要介、和田春樹がよばれ、参考人陳述をおこなった。自民党推薦で出席した佐藤勝巳は、「私は、現在の金正日政権を個人独裁ファッショ政権というふうに理解をしております」と話しはじめ、「この政権は、話し合いの対象ではなく、あらゆる方法で早く倒さなければならない政権だと考えております」と結んだ。政権打倒の方法について尋ねられると、「万景峰号の入港の規制だ」と述べて、聞く人を驚かせた。「この船により人と金とモノと情報が動いているので、この船の入港の規制をされますと、総連中央幹部の表現をもってすれば、北朝鮮の政権は三カ月ともたないだろう」と言ったのである。実に甘い見通しである。

†「解決」とは何か

「拉致問題の解決とは何か」という質問に対しては、「一〇〇名近い人たちが……北朝鮮に拉致されている。これが全員日本に帰ってくることだ。そして、実行犯の処罰と損害賠償である。その解決は金正日政権には期待できない。期待するのは幻想だ」と述べた。つまり、そこまでハードルをあげれば、金正日政権は倒れる、それで拉致問題は解決されるというのである。めざすところは実に明確だった。

だが、ここで、拉致問題の解決のために「金正日政権の崩壊が絶対必要条件である」というあなたの立場は「植民地支配時代の清算の問題も含めて包活的に交渉の中で解決を図っていきたいという小泉総理のスタンス」とはずれがあるのではないかと社民党の今川正美議員が指摘した。すると、佐藤は落ち着き払って、「大変よい質問をしていただいた」、「小泉総理とのスタンスが違うのではないかということですが、はい、そのとおり違います」と答えた(24)。しかし、今日議事録を読み返して、佐藤が、安倍晋三を信頼する、小泉純一郎は支持しないと述べているのだということを理解した。佐藤は遠からず、安倍の立場が日本政府の立場になると確信していたのである。

佐藤はこの月『拉致家族「金正日との戦い」全軌跡』(小学館文庫)なる本も書いた。佐藤は、拉致家族と一体となって書いたというこの本で、「金正日体制の打倒を目指そう」と呼び掛けた。「今の北朝鮮に経済援助をして、何とか目先の安定を図ろうなどということは、なんとも愚かしいことだ。むしろ、金正日体制を倒すことに全力をあげるべきだ。倒せば、……拉致された人々すべてを無事に救出できる状況ができてくる。私は、日本も

拉致生存者５人の帰国を前に開かれた「救う会」の幹事会であいさつする佐藤勝巳会長（写真提供：共同通信社）

韓国もメッセージを次々と発すべきだと考える。向こうは金欲しさに拉致を認めたわけだから、こちらはハードルをどんどん上げていく。上げていくと内部矛盾が起きる。それが金正日体制打倒、東アジアからテロ国家が消滅することにつながっていく[25]」。

ハードルを上げるというのは、佐藤の説明によれば、「「拉致被害者の一時帰国が実現したのだから、次は家族全員の帰国をすぐ認めろと要求していく」というふうにやることです。内部矛盾が起きるとは、さらなる譲歩に追い込まれる金正日に対して北朝鮮の国民、軍が怒り、内戦や暗殺になるということであり、そうなると、戦争になるかもしれないが、その時は米軍に頼ればいい」と説明している。

佐藤は最後に「救う会」の方針を、次のように整理し直した。

「救う会」は、今後も被拉致者全員の帰国を目指して活動を続けていく。日朝交渉の停滞によっては、拉致事件の解明は停滞するかに見えるかもしれないが、金正日政権が存在する限り、拉致の解決は困難であり、金正日政権の崩壊が絶対必要条件である。(26)


佐藤勝巳は自分の考えをはっきりと述べていた。しかし、メディアはこの佐藤の考えを一度たりとも報じたことはなかった。そして、その佐藤の考えをそのまま受け入れていくのが安倍晋三官房副長官であった。彼が田中均局長に代わって、小泉首相の委任をうけて、拉致問題を管理していくのである。

救う会は何よりも家族会を支配した。それを象徴的に示したのが、横田滋が表明した訪朝の願望、めぐみさんの娘へギョンさんに会いたいという願望を否定したことであった。横田滋は二〇〇二年の末になって、募って来た訪朝の希望を新潟で帰国した被害者五人と会った折に話した。五人は即座に「行った方がいい」と勧めた。そこで二〇〇三年一月二六日の家族会の集まりで、その希望を表明すると、猛烈な反発を受けた。家族会の役員である蓮池透と増元照明が中心になって反対したと言われるが、(27)もちろん救う会の佐藤、西岡の二人の意向が大きく作用したことは疑いの余地がない。横田滋がヘギョンさんに会って、めぐみさんの死を受け入れることになったら、佐藤戦略が瓦解《がかい》してしまうと恐れたのであろう。

かくして日朝国交に反対し、北朝鮮国家をおいつめて、崩壊させることをめざすこの勢力が日本の政府、国民、メディア、世論を制圧したのが二〇〇二年の結果である。辛うじて残ったのは日朝平壌宣言だけであった。これは日朝国交促進国民協会の敗北であるだけでなく、小泉首相、日本政府、日本外務省の失敗であると言わざるをえないだろう。

註

(1) 船橋洋一『ザ・ペニンシュラ・クエスチョン――朝鮮半島第二次核危機』朝日新聞社、二〇〇六年、一五頁。

(2) 田中均『外交の力』日本経済新聞出版社、二〇〇九年、一一一～一一二頁。

(3) 田中均・田原総一朗『国家と外交』講談社、二〇〇五年、四四頁。

(4) 日朝国交交渉検証会議聞き取りを参考にした。

(5) 佐藤勝巳『日本外交はなぜ朝鮮半島に弱いのか』草思社、二〇〇二年、一五九～一六〇頁、一一〇頁。

(6) 読売新聞政治部『外交を喧嘩にした男――小泉外交二〇〇〇日の真実』新潮社、二〇〇六年、二六～三〇頁。

（7）日朝国交交渉検証会議聞き取りを参考にした。
（8）船橋、前掲書、四四〜四五頁。
（9）日朝国交交渉検証会議聞き取りを参考にした。
（10）田中局長答弁、衆議院外務委員会、二〇〇二年九月二〇日、六頁。
（11）朝日新聞、二〇〇二年九月一八日。
（12）日朝国交交渉検証会議聞き取りを参考にした。
（13）荒木和博編著、前掲『拉致救出運動の2000日』、四七九頁。
（14）同右、四七九〜四八一頁。
（15）全文は、同右、四八六〜四八八頁。
（16）同右、四九〇〜四九二頁。
（17）朝日新聞、二〇〇二年九月二七日。
（18）林東源、前掲『南北首脳会議への道』、三九一〜三九六頁。
（19）田中、前掲書、一三〇〜一三一頁。
（20）船橋、前掲書、六四頁。
（21）平沢勝栄「永田町日記」毎日新聞、二〇〇二年一〇月三一日。
（22）シンポジウムの記録は、日朝国交促進国民協会編『どうなる日朝国交交渉』彩流社、二〇〇三年に収められている。
（23）『現代コリア』二〇〇二年一〇月号、一〇頁、一一頁、一三〜一四頁、一七頁。
（24）『第百五十五国会衆議院安全保障委員会議事録第八号』一〜二頁、九頁、一四頁。
（25）佐藤勝巳『拉致家族「金正日との戦い」全軌跡』小学館文庫、二〇〇二年、二〇八頁。

(26) 同右、二一〇頁。
(27) 『噂の真相』二〇〇三年三月号、三〇頁。

第五章　二〇〇四年小泉再訪朝　二〇〇三〜二〇〇五

†イラク戦争の中で

二〇〇三年一月には、北朝鮮はＮＰＴ脱退を宣言した。しかし、核兵器を生産するつもりはない、現段階での核活動は原子力発電に限ると述べていた。二月二五日には、韓国で金大中系列の新大統領盧武鉉《ノムヒョン》が就任した。盧大統領は就任式の演説で「東北アジアの中心に位置する韓半島は、中国と日本、大陸と海洋を結ぶ懸け橋だ」と述べ、欧州連合のような「東北アジア共同体」の創設を目指す構想を打ち出した。

ところが、三月、ブッシュ大統領がイラク戦争を開始した。イラクが大量破壊兵器を隠しているという理由で、攻め込んだのである。小泉首相は直ちにこの戦争を支持すると発言した。五月には小泉首相は訪米し、ブッシュ大統領と会談した。平壌会談を説明して、了解をえなければならないし、またイラク戦争への支援をどうするつもりか、説明しなければならなかった。同行したのが安倍晋三官房副長官と田中均外務審議官であった。

二人は飛行機の中でも、北朝鮮に対して「圧力」という言葉を使用するのかしないのかをめぐって論争した。田中均は、「圧力」という言葉を使うべきではないと主張し、安倍は断固「圧力」という言葉を使用すべきだと主張した。五月二三日にテキサス州のブッシュ大統領の牧場で首脳会談にのぞんだのだが、その時でも小泉首相がどのように言うのかが決まっていなかったという。安倍と田中は、帰国後に会談の結果をどのように発表するかについても激しく論争したようだ。(1)

しかし、北朝鮮を完全に突き放すことはできないということが米国とも共通了解になっていた。日米韓の局長級会談を通じて、日本の六者協議の提案がブッシュに受け入れられ、米中の協議も進み、二〇〇三年八月には六者協議が始まることになった。これは、小泉と田中が平壌宣言において提案したことが、中国の努力もあって実現したということである。

ところが六者協議が始まった直後に、自民党の山崎拓幹事長の女性スキャンダルが発覚した。すると、小泉首相は安倍晋三を自民党幹事長に抜擢した。これが安倍氏の権力階段上昇の決定的なステップとなった。一〇月七日、安倍新幹事長は自民党内に「北朝鮮による拉致問題対策本部」を設置し、自分がその本部長になった。政府は、「対話と圧力」という姿勢である、どういう圧力の選択肢があるのか、党として検討したいということであった。(2) 一一月二一日、安倍幹事長は横田滋家族会会長と会い、「外国為替・外国貿易法改正案」を次期国会に提出すると宣言した。新しい制裁策である。さらに万景峰号《マンギョンボン》の入港を止めるための「特定船舶入港禁止法案」の検討も始める、ということも発表された。

このような状況になったことで、北朝鮮側もなんとかしなくてはならない、突っぱねているだけでは危ない、ということになって、再び北朝鮮から日本への働きかけがやってきた。それが、ジャーナリストの若宮清《わかみやきよし》を通じ、拉致議連事務局長平沢勝栄《ひらさわかつえい》のもとへ届いたのである。平沢は安倍晋三の家庭教師をした人で、拉致問題については強硬な意見の持ち主であった。しかし、平沢も政治家として、そういったメッセージが北からくれば、突き放すわけにはいかなかった。もちろん保険をかけなければならない。

平沢は、民主党の拉致問題専門家松原仁《ひとし》と救う会全国協議会副会長西岡力の二人を連れて、北京での秘密会談に向かった。二〇〇三年一二月二〇日、彼らは北朝鮮側の政府代表鄭泰和《チョンテファ》・宋日昊《ソンイルホ》と会談した。その日の会談はもの別れに終わったが、翌日、平沢と宋日昊は二者会談をおこなった。読売新聞によると、宋日昊は「五人をひとまず平壌に帰せば、次は家族と一緒に日本に帰す」という案を出したようだが、平沢はこれを受け入れなかった。(3)

†外務省と北朝鮮の接触

一方で、外務省も北朝鮮と接触した。二〇〇四年二月一一日、田中均審議官と藪中アジア局長が平壌へ向かった。ところが、その直前二月九日に「改正外為・外国貿易法」が国会を通過していた。北朝鮮は立腹し、二月一〇日に六者協議への参加を無期限で中断すると表明した。というわけで、田中たちが平壌に入ると、散々な状況だったと藪中は回想で述べている。しかし、姜錫柱次官との会談は予定時間をこえて続けられ、「中身のある話し合い」になったという。田中は「家族を受け取るために政府の高官を平壌に送る用意がある」と表明したが、官房副長官レベルの人を検討していたようだ。当時の官房副長官は細田博之と山崎正昭であった。これには北朝鮮は肯定的な返事をしなかった。(4)

田中らが帰国した直後に、北朝鮮は若宮清の線で平沢に再度連絡をしてきた。「今度は、大物政治家を連れてきてほしい」ということだった。大物政治家と言えば、やはり山崎拓前幹事長がいいだろうということで、平沢は山崎拓と話して一緒に行くことになった。山崎拓は議席も失い、ただの民間人になっていたが、日朝交渉には意欲をもっていた。山崎は小泉首相とも田中均とも会って話をして、出かけた。(5)

四月一日、山崎拓と平沢勝栄は、大連で鄭泰和・宋日昊と会談した。山崎拓は検証会議で証言した。

四月二日、平沢さんと大連へ行ったのは、それはたしかに朝鮮総連が設定したことです。鄭泰和と宋日昊と会い、大連会談をしました。私たちは、家族を帰すよう話をしまして、向こうは平壌宣言を実行することを条件としました。私は小泉さんにその場で電話しまして、こういうことを言っているが、平壌宣言を実行に移すということにしてもよいかと申しました。鄭泰和は日本語が理解でき、日本の軍隊にいたため宋日昊よりも達者です。余談ですが、私が自己紹介をするときに柔道六段とあるのをみて、柔道は嫌いだと言っていました。軍隊で隊長に柔道技で投げられ、今でも足が不自由しているそうです。だからあなたも警戒すべき人物だと、ジョークだとは思いますが、言っていましたね。とにかく、小泉総理がどう考えているのかが一番大事なので、……確認をするためにその場で電話をした。鄭泰和と小泉さんが直接話しまして、それならば小泉さんがもう一度訪朝してくれと言いました。それがかなわないなら、福田官房長官でもよいと言われました。どちらでもいいので、家族をもらいうけにきてくれと。私たちは帰国後、すぐに官房長官に報告しました。総理にも報告しました。総理は電話をしたため、……よく理解していました。そこで、小泉さん自身が行くとおっしゃって、私もその返

事を朝鮮総連を通じて鄭泰和と宋日昊に連絡をしました。(6)

このあたりで、平沢勝栄がやっていたことが「救う会」に知れてしまい、激しい抗議を受けることになって、平沢は「拉致議連」の事務局長を辞めることになった。四月二八日、首相は福田官房長官と田中均審議官を呼び、「自分が訪朝して家族を連れて帰ることができるという話がある、この案を検討せよ」と命じた。福田官房長官は「自分を信頼していないのか」と非常に怒って、五月七日には官房長官を辞任してしまった。

田中均審議官は、首相の意志に従って、五月四日、こんどは単独で、北京で鄭泰和・宋日昊と会って、事前の協議をおこなった。田中は、「安否不明者の徹底調査が必要だ。これがなければ国交正常化交渉は妥結できない。経済協力もおこわない」と主張したという。北朝鮮側は、この時はコメ支援のことを持ち出しただけだったと言われている。

これより先、四月二二日に、平壌と新義州の間の鉄道駅、龍川《リヨンチヨン》でタンク車が爆発して死者一五〇人、負傷者一三〇〇人という大変な事故が起こった。日本政府は、国連を通じて医薬品一一〇〇万円分を送った。市民団体も連合して、民間の募金をおこない、六三八万円を集めた。和田春樹が団長になり、藤沢房俊東京経済大学教授、朝鮮女性と連帯する会の中村輝子とともに、五月の末に平壌へ行った。北朝鮮側は非常に喜び、一行に平壌から新義州《シニジュ》まで、北朝鮮を縦断する旅行を認め、龍川と新義州の病院を見舞うことを許した。

†二〇〇四年小泉再訪朝

小泉首相は、二〇〇四年五月二二日に再訪朝した。同行したのは山崎正昭官房副長官と飯島秘書官である。外務省からは薮中三十二局長らが同行した。だから、小泉首相は相変わらずの個人外交であったのだが、今回は前回と違って、気合をいれてのぞんでいた。救う会、家族会が訪朝に反対していることははっきりと意識していた。その勢力に対抗する覚悟であったと言っていい。首相は各省からのスタッフ六一人をひきつれ、随行した記者も一二〇名を数えた。

小泉首相は出発にあたって、羽田空港で「現在の日本と北朝鮮の敵対関係を友好関係にしていくということ、対立関係を協力関係にする大きな契機にしたいと思っている」と語った。小泉首相は日朝国交交渉をふたたび動かすという旗をかかげていた。そういう決意でないと交渉は進まないと考えていたのである。(7)

この時の小泉・金正日会談も一日だけのものだったが、記録は今日まで公表されていない。NHKスペシャルの『秘録朝鮮交渉』(二〇〇九年一一月八日放映)という番組に記録の一部がリークされている。(8)

会談の冒頭で、金正日は次のように不満をのべた。

「私から少し心配なことを申し上げたい。今回、会談で決まったことが、その後で覆《くつがえ》るようなことがあると私は総理の相手役として演劇に出演したことになり、後には何もいいことは残らないようなことになってしまう。我々は前回、勇敢に措置を取ったので、拉致問題はそれで終わると思っていた。しかしながら、総理が帰国された途端、複雑な問題が起こり我々は失望した。民主社会においても首班の権限はあると思っていたが、政府首班としての総理の権限がこのように簡単に崩れるかと思うと、失望せざるを得なかった」。

このリークは、金正日は期待をかけて、欺かれたと伝えたので、金正日を辱《はずかし》めるものになっている。北朝鮮の側がこのリークに対して怒っているのは当然だ。このあとに、小泉は当然に「心配しないでほしい。今度はしっかりやって国交正常化に向け、進むつもりだ、そう決意している」と言ったに違いないが、小泉首相のその言葉はNHKにはリークされなかったのか、NHKが出さなかったかのいずれかだろう、番組には出てこなかった。

小泉首相が求めたのは、帰国した五人の家族の日本への渡航と北朝鮮が死亡していると回答した八人と入境していないと回答した二人の再調査、真相究明の要求であった。金正日はそれを認めて、「蓮池家と地村家の子どもたち五人は直ちに渡して、総理と一緒に帰国してよい。八人については白紙に戻して再調査する」とした。ところが、曽我ひとみさんの夫、ジェンキンスは脱走して、北朝鮮に亡命したアメリカ軍人であるので、当人は日本行きに不安を感じている、首相が会って、話したらどうか、うまくいけばいいし、うまくいかなければ、「曽我さんの夫と子ども三人については、第三国で面会するのも一つの手ではないか」と言った。安否不明者については、「今回の会談を踏まえて、あらためて早期に徹底した調査をする」と言った。これに対し、小泉首相は感謝して、食糧援助を二五万トン、一〇〇〇万ドル相当の医療品の援助をおこなう旨を約束した。

会談の残りの部分で小泉首相は、北の核開発について率直に意見をぶつけ、核開発をやめるよう求めた。それに対し、金正日は北朝鮮の核武装の意図について明確に語った。

「本日、総理に申しあげたいのは、われわれが核を持っても何も利益もないということである。アメリカは傲慢無礼にもわれわれを先制攻撃するための方法がテーブルの上に置かれているとしている。これではわれわれは気分が悪くなるばかりだ。相手が棒で殴ると言うのに黙ってはいられないのである。われわれの生存権のために核を持つようになったのである。生存権が保障されるのであれば、核は無用の長物である」。

金正日は、アメリカのイラク戦争によりサダム・フセイン政権が打倒されたことに恐怖を感じたことを隠さなかった。

「アメリカは自分たちのしていることを棚に上げ、先に核放棄せよと主張しているが、言語道断である。核の完全放棄は敗戦国に対して強要するものだ。しかし、われわれはアメリカの敗戦国ではない。これは、イラクのように無条件に武装解除しようとするものであり、受け入れられない。……アメリカが核兵器をもって叩くというのであれば、ただ手をこまねいて黙っていたのでは、結局イラクのようになってしまう」。

しかし、この時も金正日はアメリカとの対話を求めた。

「われわれは六者協議を通じて、アメリカとの二重唱を歌いたいと考えている。われわれは喉がかれるまでアメリカと歌を歌う考えである。その成功のために、周辺国によるオーケストラでの伴奏をお願いしたい。伴奏が素晴らしければ、二重唱は一層よくなる」。

これは真剣な討論だと評価できる。

†会談での合意事項

金正日委員長との会談の合意事項として報じられたのは、①平壌宣言履行の考えを確認、②家族五人の帰国に同意、③安否不明者については真相究明の調査再開、④日本は食糧二五万トン、一〇〇〇万ドル相当の医薬品を人道援助する、⑤制裁発動せず、⑥在日朝鮮人に差別がなされないよう友好的対応、⑦核問題の平和的解決、六者協議の進展に努力、であった。

会談後の記者会見で小泉首相は語った。「正常化妥結の時期は明言できないが、正常化への努力は続けていかなければならない。今回、日朝平壌宣言の重要性を再認識し、お互いの信頼を醸成できるような環境を整えていくことに合意をみた。全体的に見て訪朝は意義あるものだった」[9]。朝日新聞は、二三日の朝刊で「日朝正常化交渉、再開へ／首相、「制裁せぬ」明言」と見出しをつけた。

小泉首相は蓮池、地村家の五人の子供たちを連れて、その日のうちに帰国した。羽田空港で親子の対面を実現させ、ただちにこの日の夜、家族会、救う会との面談、説明にのぞんだ。首相は、ここでも「自分は日本と北朝鮮の非正常な関係を正常化させ、敵対関係を友好関係に持っていきたい」という決意を披瀝した。

これに対して、横田滋は、「一番悪い結果が出た。コメ支援も帰国の引き換えにしたんじゃないかと疑念をもたされる」と言った。増元照明は、「あなたに解決能力がないのなら、次の政権トップにやってもらうしかない」と罵倒した。横田拓也は、「過去に出した一五〇の質問に、何の回答もない国から「再調査をする」と言われても意味があるのか。なぜ、午前早々に会談を打ち切り、帰国されるのか、理解できない」と非難した。横田早紀江さえ「もっと対決してきてほしかった。あんなに短い時間で総理が怒りの声をあげてくれたとは思えない」と非難した。[10] 明らかに、被害者家族たちは思い上がった態度で、首相を追及したのである。この面談はテレビ中継された。それを見ていた国民は、さすがに怒った。「家族会」や「救う会」に非難が殺到したと言われている。

これより先に拉致三団体も記者会見をして、小泉首相を攻撃した。西岡力救う会副会長は、五人の子供が帰ったのはいいが、「まだ北朝鮮の地で救いを待っている人たちがいる。その人たちを救うのは日本人、われわれしかいない。この気持ちで金正日と対決していただきたかった」と述べ、なぜ総理は「私が生存を信じている」と言わないのか、「信じていないのかと質問したい」と追及した。「これから死亡とか未確認とか言うのはやめ、「未帰還者」と言おうと思う。全員の未帰還者を取り戻すのが日本国民の使命。日朝友好というが未帰還者がいたら友好はできない。(11)」

西岡発言は小泉路線に対する重要な攻撃であった。死んだと通告された人は生きていると信じて、取り戻そう。この思想がのちに日本政府に採用される。

†小泉首相再訪朝に対する世論

世論調査では、首相の訪朝を「評価する」が六七パーセントに達した。「評価しない」は三一パーセントであった。内閣支持率も五四パーセントに上がった。つまり、首相がやる気を出してしっかりとした態度を取ったので、国民はこれを支持し、非難ばかりする救う会、家族会の姿勢に反感をみせるにいたったのである。小泉首相は東京に戻った後、朝鮮総連を訪問している。

首相は六月八日に訪米し、ブッシュ大統領と首脳会談をおこない、平壌訪問を報告した。そして、自衛隊がイラク多国籍軍に事実上参加するということを表明した。安倍幹事長は、自分の仕事を進め、六月一四日には「特定船舶入港禁止法案」を国会で成立させた。これで万景峰号の入港が禁止されることになった。

このとき、夫婦だけで帰国したが、ようやくに小泉首相の再訪朝で子供たちと一緒になれた蓮池薫、祐木子夫妻が横田滋、早紀江夫妻と息子たちを訪問して、彼らがともに暮らした横田めぐみさんの状況について話したのである。それは六月一五日のことであった。そのときの話の内容はのちに日本テレビのドラマ『再会――横田めぐみさんの願い』に再現されている。めぐみさんが平壌の生活を受け入れず、抵抗し続け、精神的に病むにいたった様子を聞かされた横田家の人々は衝撃をうけ、反発もしたようである。

七月九日、曽我ひとみさんの夫と子どもたちがインドネシアに出国し、曽我ひとみさんとの再会が実現した。中山恭子特別参与が付き添っている。七月一八日には、ジェンキンス一行は日本に向かって出発し、そのまま日本に永住することになった。九月一一日、ジェンキンス氏は米軍の軍法会議に出頭し、求められた供述をおこない、裁判の結果、一一月二七日に釈放された。彼は、記者会見を開き「亡命後の北朝鮮での生活は犬の生活であった」と述べた。北朝鮮側は、ジェンキンス一家の日本永住を認め、ジェンキンスの行動についても何一つ言わなかった。

この時、小泉首相の立場はかつてなく強力であった。アメリカも六者協議をつづけている状態で、日朝国交正常化への前進を妨害する姿勢ではない。問題は、ここでも小泉首相がどのように国交正常化へ進むのか工程表を持たなかったことにある。田中均氏からいかなる提言もなかったようにみえる。二〇〇四年九月から首相補佐官となっていた山崎拓氏からも案が出されなかったようだ。金正日が約束した再調査で何か変化がおこるか、ただ待っている状態であった。

†薮中局長の平壌交渉

外務省の薮中局長は八月に実務協議を開始し、白紙に戻し再調査するという約束の履行を求めた。そして調査結果が出たとの連絡を受けて、一一月九日〜一四日に、平壌に赴き、第三回実務協議をおこなったのである。薮中回顧録によると、代表団は、薮中局長以下、齋木昭隆アジア大洋州局審議官、伊藤直樹北東アジア課長、警察庁から北村滋外事課長が加わっていた。

北朝鮮側からは陳日宝《チョンイルポ》人民保安省局長が再調査結果を七時間かけて説明した。まず初めに、北朝鮮側は「八人死亡、二人は入境せず」という基本的な判断は、再調査したけれども変わりがない、結局「八人は死亡している。二人の入境は認められない」と回答した。その点を細かく調べようとしても、資料が残っていない、一九九一年に秘密機関の極秘文書は破棄してしまった、とのことであった。残っていた資料として、横田めぐみさんのカルテ、交通事故で死亡した人の記録などが渡された。

これとは別に、薮中は横田めぐみさんの元夫キム・チョルジュンと会い、話を聞いた上、横田めぐみの遺骨なるものをもらって帰ることになった。その経緯については、薮中回顧録は次のように説明している。

> 先方から、横田めぐみさんのご主人が話をしたいと言っていると連絡があった。私は、今回、訪朝するにあたって、……横田ご夫妻とは個別にお会いし、お考えを聞いてきていた。そして、「どんな情報でもいいから、全て持ち帰ってきて欲しい」と依頼されていた。……こちらは、警察庁の人を含めて、小人数で会うことにした。挨拶の時には……ヘギョンさんが同席し、すぐに退席された。キム・チョルジュンと名乗ったご主人

が話したのは、「愛していためぐみは亡くなった。その遺骨を持っているが、めぐみのご両親が平壌に来られたらお渡ししたい」ということだった。おそらくは、「ご両親が見えて、孫にも会えば、納得してもらえるだろう」といったシナリオが透けて見えた。そこで、私は「横田ご夫妻の代理で来ている、すべて任されていて、代わりにお預かりしたい」と言ってみたが、先方は「それでは困る」と言って立ち去ったのだった。

ところが、明日は帰国という夜にキム・チョルジュン氏が再び宿舎にやって来た。そして、「もし、直接に横田ご夫妻に手渡ししてくれるなら、お渡しする。ただこのことはマスコミには言わないで欲しい」と言い、「その旨を紙で確認して欲しい」と言うのだった。妙な話だと思ったが、まずは「どんな情報でもよいから、全て持ち帰って欲しい」という横田ご夫妻の話もあり、日本の警察が調査するわけだからと思い、相手が言うように一筆書くことにした。そして、手渡された遺骨なるものは、その夜、すぐにホテルの部屋で警察庁からの同行者にお渡しし、警察庁が調べることになった[12]。

キム・チョルジュンについては、帰国した拉致被害者たちから話を聞いて、似顔絵を作って持って行き、本人かどうかを確かめた上、会ってみたところ、この人が横田めぐみさんの元夫であることが確認できた。二回面会して、計二時間、話を聞いたということだが、記録は一切公表されていない。キム・チョルジュンは「自分は秘密機関の人間だから、写真はとらないでくれ、DNA鑑定用の資料も出せない。そして、横田めぐみさん、キム・ヘギョンさん、自分とで三人一緒に撮った写真もその場限りだからすぐに回収する」と複写も許さないという態度を取ったと言われている。

藪中局長の回顧録では、確認できないが、全体として考えれば、藪中はキム・チョルジュンの話は真実性があるものと考えたようだ。そもそも北朝鮮政府が横田めぐみさんは平壌の四九号予防院で入院中に自殺したと述べていることが信じられていないのである。義州の病院に送られたという蓮池薫らの証言を引いて、日本側は疑問を呈したことが知られている。キム・チョルジュンがどこの墓から土葬された骨をとりだしたのか、その骨を焼くことは関係機関の許可を得ておこなわれたのか、キムが骨を管理していることはどうして可能なのか、骨を渡すということはキム個人の好意から発しているのか、朝鮮政府が承認していることとなのか、藪中局長がただすべき点が多くある。遺骨をうけとるということは横田めぐみさんは死んだという事実を認めることにひとしいのだから、簡単に、「遺骨をもらいたい、渡してくれないか」と頼むというのはおかしいことである。それとも藪中氏は横田めぐみさんはやはり死んでいたと考え、遺骨があるなら、これで横田夫妻も納得すると考えて、是が非でも遺骨を持って帰りたいという気持ちになったということであろうか。藪中局長が帰国直後は訪朝の成果に満足していたとの証言もある。[13] とくに、キム・チョルジュンに遺骨は横田家の人々に渡し、世間には公開しないという念書を書いてほしいと言われて、書いたにもかかわらず、平然とホテルに帰って、同行した警察庁の北村滋課長に渡してしまうということは、外交官として恥ずべき態度だと言わざるをえない。

†横田めぐみさんの遺骨鑑定問題

もらってきた骨は非常に高温で焼かれた骨であった。一般に日本では火葬した骨の場合はDNA鑑定は不可能であるとされている。火葬している骨を持ち帰った場合、DNA鑑定ができなければ、本人のものとも本人のものでないとも証明できない可能性が高い。本物でないという鑑定が出れば、交渉は完全に決裂になってしまうし、本物だという鑑定が出なければ、めぐみさんの骨だと証明ができないので、決着はつかないのである。すでに松木氏の骨といわれるものを渡されて、鑑定の結果本人のものでないという結論が出て、問題になったことがおこっていたのに、本人のものだという確証のない骨を持って帰って、決着をつけたいと藪中局長が考えたとすれば、あまりに軽率であったと言わざるをえない。

警察に引き渡された骨は科学警察研究所と帝京大学のチームがDNA鑑定をおこなった。[14] 骨の中から、検査したらDNAが出そうな状態にある骨を十片選んで、五片を科警研に渡し、五片を帝京大学に渡したと言われている。科警研に渡した五片からはＤＮＡは出なかった。帝京大学に渡した方からはＤＮＡが検出されたという。帝京大学の吉井富夫講師はネステッドＰＣＲ法によるミトコンドリアＤＮＡ鑑定という特別な手法を用いた結果、鑑定に成功したと言われる。もっとも帝京大学の鑑定書は今日まで公表されていない。鑑定書の要旨が北朝鮮政府に送られたのはたしかであるが、それも日本では公表されていない。政府の精査報告に、四個の骨片から同一のＤＮＡが、他の一個の骨片から別のＤＮＡが検出されたが、いずれも横田めぐみさんのＤＮＡとは異なっているという鑑定結果が出たとあるだけである。

さらに二〇二二年に検証会議でのジャーナリスト福澤真由美氏の証言で、薮中局長が持ち帰った包みの中には焼かれた骨以外に歯も入っていたという拉致対策本部関係者の話があることが明らかにされ、波紋がひろがった。この歯はどこへ行ったのか。

ところで、二〇〇四年一二月八日、細田博之官房長官は記者会見を開き、「主として帝京大法医学研究室でのＤＮＡ鑑定の結果だが、横田めぐみさんのものではないという結論が出た。どのようにサンプルをとっても横田さんのものとみられるものはなかった。他人のものだ」と発表した。おなじとき、新潟県警も記者会見をおこない、検出されたＤＮＡは横田めぐみさんのＤＮＡと異なっていたとして、県警の三木邦彦警備局長は「国内最高レベルの研究機関の鑑定なので、めぐみさんとは別人とみて間違いない」と述べた。[15] この発表はきわめてあやしい発表だと言わざるをえない。帝京大学の鑑定は、検出されたDNAは横田さんのものではなかったと述べているだけだから、その鑑定結果からこの骨が他人の骨だと結論を出したのは、細田官房長官と新潟県警警備局長であるようだ。

しかしながら、この日の官房長官の発表は事態を決定的に変化させた。新聞は一斉に「めぐみさん「遺骨」は別人」(毎日)、「「遺骨」めぐみさんと別人」(朝日、読売)と報じた。横田夫妻は「北朝鮮がつじつまを合わせるためいろいろ言っている説明がすべてでたらめだったと判明した。誠意が感じられない。生存を信じて運動を続ける」と語った。

外務省は直ちにこの日北京の大使館を通じて北朝鮮に厳重に抗議し、説明を求めたという。食糧支援を当面凍結する方針も決定された。北朝鮮は一二月一四日外務省スポークスマンの談話で、鑑定結果は受け入れられないとして、鑑定書の提示をもとめ、真相の究明がおこなわれることを望むと反撃した。つまり、日本側は、鑑定書も添えずに、にせ遺骨を渡したと抗議したのである。

†安否不明の拉致被害者に関する再調査

日本政府は一二月二四日になって、薮中局長が持ち帰った北朝鮮供与の資料・情報を精査した結果の文書「安否不明の拉致被害者に関する再調査」を発表した。まず横田めぐみさんの遺骨とされたものについては、帝京大学の鑑定により、横田さんでない二人のDNAが検出されたこと、松木薫の骨も同じ帝京大学の鑑定により別人のDNAが検出されたこと、骨からうかがわれる身体的特徴は松木薫と合致しないことを指摘した。横田さんのカルテについては、一九七九年六月から一九九三年九月までの記載があるが、朝鮮語で書かれた四〇〇頁の文書であり、精査を継続しているとして、このカルテから何が読み取れたかは一切語られていない。

刑事事件記録は「拉致事案の責任者は処罰されたとする北朝鮮側の主張を裏付けるものであるとは到底認められない」と判定し、交通事故記録についても、墨塗の個所が多く、死亡者の氏名もなく、田口八重子、松木薫の死亡説を「裏付けるものであるとは到底認められない」と判定している。

さらに「再調査」報告は、死亡とされた八人の被害者について、北朝鮮側の報告に対する疑問点を列挙している。横田めぐみさんについては、「北朝鮮側がなぜ別人の骨を渡してきたのか極めて不可解である」と断定し、キム・チョルジュン氏が遺骨を獲得した経過の説明は不自然であり、横田さんが平壌の病院ではなく、義州の病院に入院したとの情報がある、自殺の説明が不自然である、死亡日についても「説得力ある説明」ではない、と述べている。

田口八重子については、金賢姫の教育係であったことを北朝鮮側は「依然として全面的に否定している」、原敕晃と八四年に結婚したと言うが、八三年秋から八五年秋まで横田めぐみと共同生活をしていたという情報がある、と述べている。

市川修一、増元るみ子については、七九年七月に結婚したと言うが、増元るみ子は七八年九月から七九年一〇月下旬まで別の拉致被害者（浜本富貴恵）と共同生活をしていたという情報がある、市川とは結婚していない、市川は泳げないので、七九年九月水泳中に溺死したというのは「不自然」である、増元るみ子は八一年八月に心臓麻痺で死んだというのも「不自然」だ、彼女は若くて（二七歳）、既往症はない、と述べている。

石岡亨、有本恵子については、八八年八月にポーランド人の援助で、二人は松木氏と一緒に暮らしていると日本の家族に知らせる手紙を出したのに、二ヵ月後に静かなところへ行きたいと、熙川《ヒチョン》という僻地の招待所に行くことを希望したとの説明は「不自然」であるとのべている。松木については、九六年八月、交通事故死したと言うが、夜危険な山道を自動車で進んだというのは「不自然だ」と述べている。

入境せずとされた久米裕と曽我ミヨシについては、二人とも北朝鮮に連れていかれたのは「明らか」であると反論している。これらの反論、疑問点の提示は妥当なものであるとしても、八人が生きているという主張の根拠になるものではない。

結論として、日本政府の報告書は、「「八名は死亡、二名は入境を確認せず」との北朝鮮側説明を裏付けるものは皆無である、北朝鮮側の「結論」は客観的に立証されておらず、我が方としては全く受け入れられない」と断定する。「特に、……横田めぐみさんの「遺骨」とされた骨の一部からは、DNA鑑定の結果、別人のDNAが検出されたことは重大な事態である。北朝鮮側はこの鑑定結果に疑問を提起しているが、我が方の鑑定が科学的・客観的に行われ、十二分に信頼性の担保されたものであることは言うまでもなく、北朝鮮側の批判には何ら根拠がない」。「今般の再調査の結果は、極めて誠意を欠く内容であるとして強く抗議をするとともに、日本側の精査の結果を早急に伝達することとする。そして……金正日委員長自身が行った約束を自らの責任と関与で誠実に履行することにより、安否不明の拉致被害者の真相究明を一刻も早く行うよう、厳しく要求するものである」。

†「厳しい対応を取らざるを得ない」

この報告書を発表するに先立って、記者会見の冒頭、細田官房長官は「基本的な考え方」と題する文書を発表した（文書名は毎日新聞のみ明確に報道）。その内容は、「①北朝鮮に「再調査の結果は極めて誠意を欠く」と強く抗議する、②拉致被害者の真相究明を一刻も早く行い、生存者をただちに帰国させることを要求する、③迅速かつ誠意ある回答がない場合、政府として厳しい対応を取らざるをえない、④核問題解決のため、六者協議の早期再開を求める」というものだった（朝日新聞）。「八人死亡の裏付けは皆無であり、再調査は不十分であり、真相究明は一刻も早く行え」というところは再調査検証報告と同じだが、その後に「生存者を直ちに帰国させよ。対応がない場合には厳しい対応を取らざるをえない」というのは新しい方針である。厳しい対応とは、経済制裁をさしている。

さらに、細田官房長官は記者会見のさい、口頭で「生存している可能性が高い行方不明者、安否不明者については、そういう前提で帰国を要求する」とか、「生存している可能性が高いという前提で帰国を要求する」（読売新聞）などと、付け加えた。つまり、再調査検証報告と「基本的な考え方」、それに口頭での補足説明の順で、表現がだんだんとエスカレートしているのである。「死亡したという証拠がない」→「生存者はすぐに帰せ」→「生存している可能性が高いという前提で帰国を要求する」となっている。八人は死亡しているという証拠が出ていないことは事実である。しかし、だからと言って、八人が生きている可能性が高まったかのように言うのは、論理の飛躍以外の何物でもない。かくして小泉首相の再訪朝によって金正日に約束された日朝国交交渉の再開はしりぞけられる結果となった。(16)

一二月二五日、日本政府は、二四日の二つの文書と「遺骨のDNA鑑定の要旨」を北朝鮮側に送った。

二〇〇五年一月、谷内正太郎が外務次官になった。日本側は北朝鮮側に対決的な態度で対しつづけた。北朝鮮側は一月一七日外務省のスポークスマンが談話を出した。加害の歴史に対し反省し清算せよ、拉致問題はわが人民の不幸と苦痛に比べれば千万分の一であると述べられている。一月二四日には朝鮮中央通信の「備忘録」という形で詳細な反論を発表した。DNA鑑定についての専門的知識を有する人の鋭い分析である。一二〇〇度で焼かれた骨からDNAを検出したということは信じられないとし、かつミトコンドリアDNAに対する分析で三つの骨片から三つ以上の塩基配列を検出したとするなら、遺骨は三人以上の人のものだということになってしまうと主張し、遺骨が汚染された可能性を指摘している。

†DNA鑑定をめぐる論争

この論争は、世界の注目をひいた。イギリスの権威ある科学雑誌『ネイチャー』の二月三日号にシラノフスキー記者の記事が載った。記者は帝京大学で鑑定をおこなった吉井富夫講師に取材し、ネステッドPCR法を用いて、不可能と思われていた焼いた骨からDN

Aを検出できたが、焼いた骨の鑑定ははじめてで、骨が汚染されている可能性も否定できない、自分の使った骨片はのこっていないので、追試はできないという談話を得て、紹介している。

日本外務省は二月一〇日「北朝鮮側「備忘録」について」という発表文を出した。「備忘録」は日本側の一二月二四日申し入れに「全く答えていない」とし、日本の鑑定は「最も権威ある機関の一つが実施した客観的かつ科学的な鑑定」であると強調して、このことを認識しない見解は受け入れられないとしている。個別論点について反論がなされているが、遺骨の返還は拒否し、再鑑定を可能にするつもりがないことをはっきりさせている。

二月二三日、民主党の首《す》藤《とう》信彦《のぶひこ》議員が衆議院外務委員会において『ネイチャー』の記事を取り上げて質問した。町村信孝外務大臣の答弁は問題のあるものであった。「私どもとしては、まず北朝鮮側がこういう累次申し上げたような不誠実な対応というものを早く改めることが重要で、余りDNA論争にぐうっと入っていくと肝心の主張そのものがぼやけてしまうのではないか、そんなことも考えるものですから、あえてこれ以上、……どこか外国の機関に委託をして、再検査といいましょうか、再鑑定をしようという考えは、今のところ実はないわけでございます」。

二月二四日、朝鮮中央通信は中国駐在朝鮮大使館が日本大使館に次のように通知したと報道した。日本政府の二月一〇日反論は「科学的な論証が欠如しており、……粗末な弁解にすぎないものであって、絶対に受け入れられない。我々は真実に背を向け、事件をねつ造した日本の行為に幻滅を覚えており、この問題で日本政府と論議する考えはない」。

三月二五日警察庁は吉井富夫氏を警視庁の科学捜査研究所（科捜研）法医科長に発令すると発表した。

三月三〇日、首藤議員は衆議院外務委員会で、再度『ネイチャー』誌に論説が出たことを紹介し、再鑑定が必要ではないかと述べて、日本政府の対応をただした。町村外相は、この雑誌が「立派な雑誌」であることは承知しているが、「私どもは一々それについて言う必要はない」と答弁した。骨に触ったひとのDNAも付着すると言われているとの首藤議員のさらなる追及に対しては警察庁の瀬川警備部長が、鑑定人は事前に骨を十分に洗浄した、その洗浄した液からDNAは出ていないと答弁し、再鑑定の必要性を否定した。町村外相もあらためて鑑定は「科学的な」ものであり、その「信憑性」を疑うのは「侮辱ともとれる」発言だと反発した。

三月三一日、訪朝した和田春樹、小此木政夫、木宮正史の三人は、宋日昊大使と会い、話を聞いた。宋大使はこう述べた。「拉致は不幸な事件であった。これは道徳的な問題であると考えて、解決のために努力をしてきた。……八人死亡ということは明白である。日本側が証拠を出せというので、証明のために努力した」。「いんちきの遺骨を渡すはずがない。そうしたところで、何のメリットもない。吉井氏の証言が出ているが、DNA鑑定はとくに鋭敏な検査である。国と国のあいだではとくに慎重にすべきだ」。「ふりかえれば、今まであまりにも日本と純真に付き合いすぎていたと後悔する」。「拉致も植民地支配も二〇世紀に起こったことであり、二五年くらいしか差がない」[17]。

『ネイチャー』誌は四月七日号で吉井氏の科捜研入りについてコメントし、「転職は日本の拉致証明をさまたげる」、「遺伝学者の新しいポストはDNA鑑定にかんする証言を止めさせるかもしれない」と論評をくわえた。

四月一五日、首藤議員は三度横田めぐみさんの骨の鑑定問題で質問した。米国の『タイム』誌がこの問題を取り上げている、米国のDNAの権威者テリー・メルトンがネステッドPCR法による鑑定はコンタミネーションの可能性があり、危険だと述べていると指摘した。これには同じ瀬川部長が同じ内容の答弁をした。「刑事訴訟法に基づく厳格な手続に従って、最高水準の研究機関が実施した客観的な鑑定結果」で、「信憑性の極めて高いものだと私どもは受けとめておるところでございます」。

要するに、DNAの鑑定をめぐって争いが起こったのである。吉井氏は恩師の石山昱夫《いくお》教授との共著『DNA鑑定入門』で、「DNA鑑定の際に資料を保管していないような事例では、そのDNA鑑定結果を排除するくらいの厳しさが必要である」と書いている。[18] 第三者による再チェックを可能にするために資料を保管しなければならないと主張しているのである。当然、政府は吉井氏の作成した鑑定書のオリジナルを提示すべきであり、吉井氏を公開の場に出して、説明させるべきであり、北朝鮮側が望むなら、再鑑定のために資料を提供すべきである。しかし、日本政府はこの三点をすべて拒否した。通常の裁判の場では、通用する態度ではない。

この二〇〇五年四月二七日、警察庁は、一九七八年六月に日本を出国し、失踪した田中実を北朝鮮工作員によって拉致されたと認定し、発表した。

†突き当たった壁

この二〇〇四年から二〇〇五年にかけて、日本と北朝鮮は確かに論議し、交渉し、論戦した。北朝鮮は二度調査をおこない、のこっている資料を提出して、日本側はその資料に批判をくわえ、説明が不自然であると指摘した。だが、拉致をおこなった権力機関が拉致を認め、謝罪し、拉致被害者は生存していないと通告したあとで、どのように死亡したのか説明してほしいと要求されて、納得的な説明ができないということは、ありうることであろう。拉致という行為はそれをおこなった当該権力機関が被害者の生殺与奪の権限をにぎることを意味する。北朝鮮当局が拉致被害者を殺害することも十分にありうることである。その場合は、北朝鮮側は当該被害者の死の事情を隠すと決めているだろう。ひとたび権力機関が隠すと決めれば、それを明らかにさせることは通常の手段ではかなわない。二〇〇五年の日朝交渉がつきあたったのはそのような壁であった。日本の側がとりうる道は、最終的に拉致被害者が死亡と通知されたことを受け入れざるをえないと判断するならば、北朝鮮国家が拉致被害者の死に全面的に責任を負うべきであるとし、被害者の死に対する賠償を支払えと要求するしかない。もしも生存しているのに、北朝鮮国家としては死亡したとすることを必要としている人がいるならば、その人を救い出すのに、国交正常化以後も長い努力を要するであろう。それは例外的なケースだと考える他ない。拉致したと認めた北朝鮮国家がその人は生存していないと言えば、我が方は、北朝鮮国家がその人を殺害したのだなと考える以外にないのである。

二〇〇四年一二月、雑誌『WiLL』が創刊された（二〇〇五年一月号）。その号に櫻井よしこ・横田早紀江氏の対談が掲載された。「金正日は悪の権化／北朝鮮との戦いは悪魔の戦い」との題がつけられていた。

(1) 読売新聞政治部、前掲『外交を喧嘩にした男』四六～四七頁。
(2) 朝日新聞、二〇〇三年一〇月八日。
(3) 若宮清『真相――北朝鮮拉致被害者の子供たちはいかにして日本に帰還したか』飛鳥新社、二〇〇四年。
(4) 薮中三十二『外交交渉四〇年――薮中三十二回顧録』ミネルヴァ書房、二〇二一年、一四二～一四三頁。
(5) 若宮清の側の説明は、若宮、前掲書、二〇二～二〇六頁。
(6) 日朝国交交渉検証会議聞き取り、山崎拓、二〇二一年一一月三日。
(7) 朝日新聞、二〇〇四年五月二二日夕刊。
(8) NHKのテレビ画面から書き起こしたものが和田春樹『北朝鮮現代史』岩波新書、二〇一二年、二一二～二一四頁にある。日朝国交交渉検証会議は二〇二一年六月一日付けでこの首脳会談の記録の公開を外務大臣に求めたが、同年七月三〇日付けで「不公開」との決定が通知された。
(9) 朝日新聞、二〇〇四年五月二三日。
(10) 同右、二〇〇四年五月二四日。
(11) 同右、二〇〇四年五月二三日。
(12) 薮中、前掲書、一五三～一五五頁。
(13) 日朝国交交渉検証会議聞き取り、首藤信彦、二〇二一年一二月四日。
(14) 以下の鑑定にかかわる検証は、日朝国交促進国民協会が二〇〇五年三月四日、シンポジウム「日朝関係と六者会議」においておこなった作業に基づいている。用いた資料とともにその折の検証結果は、国民協会編『日朝関係と六者協議――東アジア共同体をめざす日本外交とは…』彩流社、二〇〇五年に収録されている。
(15) 朝日新聞、二〇〇四年一二月九日。
(16) 同右、二〇〇四年一二月二五日。
(17) 日朝国交促進国民協会編『拉致問題と過去の清算――日朝交渉を進めるために』彩流社、二〇〇六年、六〇～六二頁。
(18) 石川昱夫・吉井富夫『DNA鑑定入門――刑事事件への適用と親子鑑定』南山堂、一九九七年、一七五頁。

第六章 安倍首相北朝鮮政策の宣布と始動 二〇〇五〜二〇〇七

†六者協議の夢の合意とその否定

二〇〇五年九月一九日、第四回の六者協議はついに歴史的な合意に到達した。武大偉中国外交部副部長、金桂冠《キムゲグワン》朝鮮外務次官、佐々江賢一郎日本外務省アジア大洋州局長、宋旻淳《ソンミンスン》韓国外交通商部次官補、アレクセーエフ・ロシア外務次官、クリストファー・ヒル米国務次官補が合意文書に署名した。この文書には、次のような文言が書き込まれた。

まず、「目標は、平和的な方法による、朝鮮半島の検証可能な非核化であることを一致して再確認した」と書き込まれた。ついで、北朝鮮は、「すべての核兵器及び既存の核計画を放棄すること、並びに、核不拡散条約及びIAEA保障措置に早期に復帰することを約束した」、米国は「朝鮮半島において核兵器を有しないこと」、および、北朝鮮に対して「核兵器又は通常兵器による攻撃又は侵略を行う意図を有しないことを確認した」と書き込まれた。北朝鮮は、「原子力の平和的利用の権利」を主張し、五カ国はそれを尊重するとし、将来北朝鮮への軽水炉提供について議論することに同意した。第二項には、朝米両国は「相互の主権を尊重すること、平和的に共存すること、及び……国交を正常化するための措置をとることを約束した」、朝日両国は、「平壌宣言に従って、不幸な過去を清算し懸案事項を解決することを基礎として、国交を正常化するための措置をとることを約束した」と書き込まれた。第三項では、六カ国は、経済協力の推進を約束し、五カ国は北朝鮮に対するエネルギー支援の意向があることを表明した。第四項では、六カ国は「東北アジア地域の永続的な平和と安定のための共同の努力を約束し」、「直接の当事者は、適当な話し合いの場で、朝鮮半島における恒久的な平和体制について協議し」、六者はまた「東北アジア地域における安全保障面の協力を促進するための方策について探求していくことに合意した」と書き込まれた。最後に、六者が「約束対約束、行動対行動」の原則に従い、意見の一致した事項について「これらを段階的に実施していくために、調整された措置をとることに合意した」と書きこまれた。

これはあらゆる意味で画期的な平和のための合意であった。日朝平壌宣言が出発点となり、東北アジア大に拡大発展した平和プロセスの到達点だと言ってよい。すでに外務省を去った田中均元外務審議官にとっては、めざしていた「大きな絵」がついに仕上げられたと、遅く来た勝利のほろ苦い味をかみしめた瞬間だったろう。

だが、このような合意ができたのに対して、アメリカ政府内の反朝鮮派は必死で逆流をしかけていた。九月一五日には、アメリカ財務省が、マカオの銀行「バンコ・デルタ・アジア」（ＢＤＡ）が北朝鮮の政府・関連企業のマネーロンダリングに関わった疑いが濃厚だと指摘していた。偽ドルづくりに関係しているとして同行の北朝鮮口座の閉鎖を要求したようだ。北朝鮮が偽ドルづくりをしているとの情報が広くふりまかれていく。一八日には米財務省は北朝鮮の貿易商社など八社の金融資産を凍結した。北朝鮮は強く反発した。

まさにこのとき、日本では、安倍晋三が小泉第三次内閣に官房長官として入閣した。

一一月九日から三日間、第五回六者協議の第一フェーズが北京でおこなわれた。北朝鮮代表が米国のＢＤＡ関連の金融制裁措置を強く非難したのに、米国代表は反論しなかった。この後、北朝鮮に対する非難が高まった。北朝鮮はますます硬直化し、六者協議自体が継続できなくなっていった。一一月二一日と二二日、ワシントンで開かれたＫＥＤＯの理事会で、北朝鮮への軽水炉提供の事業は二〇〇五年末をもって廃止することになった。韓国が投じた一一億ドル、日本が投じた四億ドルは回収不能の見込みである。

一一月九日、新任の官房長官、安倍晋三が、マスコミに対して、「拉致被害者全員が帰国して初めて拉致問題の解決となる」と述べた。これに対して、一三日、自民党副総裁山崎拓はテレビ番組で、拉致問題は圧力だけでは解決しない、小泉首相の第三回訪朝があるとすれば、国交正常化の調印式になる、その可能性は五分五分だと言い放った[1]。

†田中局長に対する文筆リンチ

田中均は二〇〇五年八月、大使への転出を拒んで、外務審議官の職を辞し、外務省を去っていた。六者協議の合意がつぶされるのは田中にとって大きな不幸であった。しかし、ことはそれだけですまなかった。田中均に対しては非道な人格的凌辱《りょうじょく》が加えられた。二〇〇六年三月、田中局長をモデルとした政治ミステリー小説『ウルトラ・ダラー』(新潮社)が刊行されたのである。著者は、二〇〇五年までＮＨＫアメリカ支局長であった手嶋龍一である。

小説の筋は、北朝鮮が偽ドル札を大量につくり、それでウクライナから核、ミサイル技術を買おうとしているという話で、それをキャッチしたイギリスＢＢＣの特派員、実はイギリスの情報機関ＭＩ６の要員が、東京で北朝鮮の作戦を妨害するために活躍するというものである。そして、その中で外交安保担当官房副長官高遠希恵(女性)がこのイギリスの要員と協力して北朝鮮の野望と闘う正義の人であり、もう一人の登場人物、彼らに協力して問題を解決しようと働いているように見えた外務省アジア大洋州局長滝沢勲が、実は北朝鮮の協力者で、最後の瞬間に逃亡する悪の人だという設定である。

滝沢の父は大阪の整体師であったが、母は大阪に潜入した北朝鮮の工作員であると説明される。中国朝鮮族で、中国人民志願軍の兵士として朝鮮戦争に派遣され、そのまま北朝鮮に残って、北朝鮮の工作員として日本に派遣されてきた人である。滝沢は、父に促され老人ホームで死を待つ母を訪問して、植民地支配を謝罪し、日朝国交樹立のために働いてほしいという願いを伝えられる。彼はその後、中国のホテルで、中学・高校の時の同級生で、北朝鮮へ帰って対外関係の部署にいる元在日朝鮮人の金村と再会し、協力することになる。滝沢は日朝関係正常化の実現のためアジア局長になる道を選び、首相の平壌訪問、日朝首脳会談、平壌宣言、日朝国交正常化交渉を主導した。中国で再会した中学・高校時代の友人こそが、実は「ミスターX」であったというのだ。そして、追及の手が迫ったので、現職の外務省アジア局長が海外逃亡するというすじがきである。

誰が見てもこの滝沢という人物が田中均をモデルとしているのは、はっきりしている。現実の田中均は、一九四七年生まれ、京都市出身で、京都の高校から、京都大学法学部を卒業して、外務省に入省した。父は日商岩井の元会長である。

一方にヒロインの官房副長官がいて、もう一方に悪人の北朝鮮のスパイの外務省局長がいるというのは、完全に安倍晋三対田中均の構図を浮かび上がらせる。このような非道な名誉毀損の攻撃に対しても、小説だから、田中均氏は反論できないし、告訴もできない。おそろしいのは、評判になった『ウルトラ・ダラー』について、書評も多く出たのに、どの書評も滝沢勲のモデル問題、田中均問題については触れていない。卑劣な人身攻撃を黙認しているのである。恐るべき「沈黙の陰謀」である。

†官房長官安倍晋三の初業績

官房長官として、この世界の統括者になった安倍晋三が努力したのは、「拉致問題その他北朝鮮当局による人権侵害問題への対処に関する法律」、北朝鮮人権法を成立させることであった。この法案は二〇〇六年六月一六日に成立した。この法律は、拉致問題を「我が国の喫緊の国民的な課題」であるとし（第一条）、「国は、北朝鮮当局による国家的犯罪行為である日本国民の拉致の問題を解決するために最大限の努力をするものとする」と定め、拉致被害者の安否について「自ら徹底した調査を行い、その帰国の実現に最大限の努力をする」とした（第二条）。さらに「北朝鮮当局による人権侵害問題について関心と認識を深めるため」「北朝鮮人権侵害問題啓発週間」を毎年一二月一〇日〜一六日に設けるとした。

この直後の六月末、南北の離散者家族再会事業の中に北朝鮮は横田めぐみさんの元夫キム・チョルジュンを実名の金英男《キムヨンナム》として金剛山に登場させて、日本側にメッセージを送った。金英男はめぐみさんとの間にえた娘キム・ウンギョンおよび再婚した妻パク・チュンファ、その間に生まれた息子を同行させ、韓国側から参加した母と姉に面会した。産経新聞は「北謀略見え隠れ」と報じたが、めぐみさん死亡という北の通告を受け入れようとしない日本側にあらためて北の主張を受け入れるように求めたことに間違いない。金英男は韓国記者団との会見で、めぐみさんは子供を産んだあと、「鬱病を伴って精神異常の症状まで現れました」、「回復せず、残念ながら九四年に死亡しました」と語った。実は自殺したのだとも言った(2)。

他方で北朝鮮は、一週間後の七月五日、午前三時三〇分から八時三〇分にかけて、テポドン二号とみられる長距離ミサイル一発と射程の短いミサイル五発の連射をおこなった。のち夕方五時三〇分にもう一発を発射した。これは米国に対するメッセージであった。

これに対して、安倍官房長官はかつてなく強硬な制裁措置をとることを推進した。七月六日まず午前六時に最初の記者会見をおこない、午前八時すぎに二度目の記者会見をおこなった。そこで国家安全保障会議で決定した万景峰号の入港禁止、チャーター便乗り入れの禁止、北朝鮮政府職員の入国禁止、日本からの渡航の自粛、ミサイル関連物資の輸出管理など九項目の制裁措置を発表した。どの国もいまだ措置をとっていないのに、断然迅速な制裁措置をとったのであった。日本は国連安全保障理事会に緊急会合を要請した。七月五日、その緊急会合が開かれた。日本は北朝鮮非難の決議案を提出すると表明し、ボルトン米大使の同調を得た。日本が用意した決議案は、国連憲章第七章の下でのミサイル実験中止などの義務付けと制裁を組み込んだ厳しいものだった。中国は決議が事態を複雑にするとして反対に動いた。日本の中では、額賀《ぬかが》福志郎《ふくしろう》防衛庁長官と麻生太郎外相が九日に敵基地攻撃能力保有を主張し、一〇日には安倍官房長官も「法律上敵基地をたたくことは可能であり、検討を行うことは必要だ」との見解を述べた。

しかし、ブッシュ大統領は六日、ミサイル問題では外交的解決をめざすとの態度を表明し、ヒル国務次官補が六者協議の枠内で対話するという姿勢で、協議をつづけた。小泉首相が敵基地攻撃能力保有論にブレーキをかけ、安保理決議についても、関係国との協調の方向へ修正をはかった。結局、七月一五日、国連憲章への言及をのぞいた北朝鮮のミサイル発射非難、開発計画中止をもとめる非難決議が安保理で満場一致で採択された。

†安倍首相の誕生

安倍官房長官は二〇〇六年七月に著書『美しい国へ』（文春新書）を刊行した。小泉首相退陣後の自民党総裁選に立候補するためのマニフェストであった。この本は、まず「闘う政治家」たることを宣言し、第一章で自分の経歴を説明し、第二章「自立する国家」で自分の政治姿勢は拉致問題に取り組む中で確立したと説明した。「なによりも日本の主権が侵害され、日本国民の人生が奪われた事実」をそのままにしないという決断、その実践だと説明した。そして北朝鮮に対して厳しい経済制裁をとる目的をつぎのように説明している。「北朝鮮にたいする経済制裁の目的の一つに、政権中枢の周辺や、党、軍に入る資金を止めるというのがある。政権を倒す決定打にはならないまでも、化学変化を起こす可能性が十分にあるからだ」。これは明らかに佐藤勝巳の思想であり、北朝鮮政権を打倒することをめざす立場を安倍官房長官も共有していることを示すくだりである。

九月の総裁選で安倍晋三は勝利して自民党総裁となった。そして九月二六日ついに内閣総理大臣になった。一九五四年生まれのこの人は五二歳であった。日本の侵略戦争も植民地支配も知らない、朝鮮戦争も知らない世代が生んだ最初の日本国首相であった。

安倍新首相は、二六日夜の記者会見で、自分の内閣は「美しい国づくり内閣」だと述べ、内閣に教育再生会議を設けるとの考えを示したが、初閣議で決めた「基本方針」の中心に置かれたのは、拉致問題対策であった。拉致問題について「対策本部を設け、専門の事務局を置き、総合的な対策を推進する」ということだった。(3) 組閣人事において、拉致問題担当大臣を新設し、塩崎恭久官房長官をこれにあて、さらに、中山恭子を拉致問題担当総理大臣補佐官に任命した。内閣発足の三日後、九月二九日には、首相を本部長、官房長官を副本部長とし、全閣僚を本部員とする「拉致問題対策本部」が設置された。まさに「美しい国づくり内閣」の内実は「拉致問題対策内閣」であったのである。これは事前に誰と相談したこともない安倍晋三個人の決断の実行であった。

この日、九月二九日の所信表明演説で安倍首相はあらためて次のように述べた。「美しい国、日本」を実現するため、「美しい国づくり内閣」を組織した。この目的のために、安定した経済成長が続くこと、財政再建と行政改革、安心の社会構築、教育の再生とともに、「主張する外交への転換」が必要だ。その「主張する外交」の正面におかれたのが北朝鮮政策であった。まずミサイル発射に対する制裁の推進で、「新たな思考に基づく、主張する外交へと転換するときがやってきたのです」とうたい上げた。詳述したのは拉致問題であった。「拉致問題の解決なくして北朝鮮との国交正常化はありえません。拉致問題に関する総合的な対策を推進するため、私を本部長とする拉致問題対策本部を設置し、専任の事務局を置くことといたしました。対話と圧力の方針の下、引き続き、拉致被害者が全員生存しているとの前提に立って、すべての拉致被害者の生還を強く求めていきます」。

これは拉致問題を押し立てて、北朝鮮と対決闘争する宣言であった。これが新しい日本国家の進む道とされたのである。いまや日朝平壌宣言は破棄されたに等しかった。

安倍首相がやや唐突に拉致問題を内閣の最重要課題にしたことはブレーンや支持層を当惑させた。安倍首相は就任前から、河野談話、村山談話を守るのかと、『世界』の和田春樹論文（「安倍晋三氏の歴史認識を問う」一〇月号）や朝日新聞九月八日社説「村山談話を葬るな」に攻められ、国会がはじまると、一〇月二日の代表質問で村山談話を守ると言わされ、一〇月五日には予算委員会で菅直人議員につめられ、ついに河野談話も「政府として出され、現在の政府にも受け継がれている」と答える破目になったのである。新聞各紙は「変節か」（毎日、九日）、「君子豹変」か（朝日、一二日）と揶揄し、ブレーンのなかからも「失望した」と声があがる状況であった。それだからこそ、安倍氏は拉致問題を一層前面に出して自らの政権のめざす目標を主張する方向に突進したものと考えられる。

†あるテレビ番組

この安倍首相の対北朝鮮対決攻勢政策がスタートした直後に、注目すべきテレビ・ドラマが日本テレビによって放映された。二〇〇六年一〇月三日夜九時から放映された報道特別ドラマ・スペシャル『再会――横田めぐみさんの願い』である。日本テレビ報道局が拉致被害者の蓮池薫、地村保志、曽我ひとみの三氏、その親戚や関係者らからの取材にもとづいてシナリオをつくり、ドラマ化したものである。(4) 拉致被害者蓮池夫妻が二〇〇四年六月一五日横田めぐみさんの一家に会って、自分たちの知っているめぐみさんについて報告したことを再現している。あらすじはこうだ。

一九八四年に蓮池夫妻、地村夫妻が暮らしていた招待所の一つに、田口八重子と横田めぐみが入ってくる。横田めぐみは落ち込んでいて、「帰りたいの。日本へ帰りたいの。朝鮮語を勉強したら、帰してくれると言ったのに、いつになったら、帰してくれるの」と言っている。蓮池薫は「めぐみさんは毎日のように帰せって指導員に怒鳴っていました」と話している。一九八六年横田めぐみは韓国から拉致されてきた青年金英男と結婚した。娘ウンギョンが生まれ、三歳になった一九九〇年ころ、横田めぐみは、体調がわるく、寝込んでいた。彼女は「日本に帰りたい。日本に帰る」とつぶやく。気分が落ち込んだ横田めぐみは自分の服を焼いたり、叫びながら発作的に自分の髪を切ったりする。ついにはナイフを胸に向け、手首などに向けることもするので、夫が必死でナイフを取り上げた。一九九〇年の冬、横田めぐみは、統制区域を脱出し、万景峰号が停泊する港へ行き日本に帰ろうとして、拘束された。九四年二月、横田めぐみはふたたび脱出し、連れ戻され、こんどは中国との国境地帯にある隔離病棟に入れられることになった。以後、彼女の姿を蓮池夫妻は見ていない。

このテレビ・ドラマの放映に対して、横田夫妻と二人の弟は放映中止を求めることはしなかったが、その内容を黙殺した。つまり、帰国した拉致被害者が伝えた横田めぐみさんの困難な精神状態については知りたくないという態度をとったようである。当然ながら安倍政府も、国民もこのドラマを無視し、帰国者の証言を無視したのである。

†安倍政権の打ち出した政策

二〇〇六年一〇月九日北朝鮮はついにはじめての核実験をおこなった。安倍政府はただちに追加制裁措置をとると発表し、翌日、北朝鮮籍船舶の入港全面禁止、北朝鮮からの輸入全面禁止、北朝鮮籍を有する者の入国禁止を決定した。六カ月の時限措置とされた。安保理制裁決議は一五日に出た。大量破壊兵器関連の物資のほか、ぜいたく品の供給が禁止された。家族会と救う会は政府の追加制裁措置と安保理制裁決議を歓迎する共同声明を発表し、「なしうることはすべて行う姿勢を取っていただきたい」と政府に要望した。

一〇月一六日拉致問題対策本部の第一回会合が開かれ、「拉致問題における今後の対応方針」を決定した。「拉致問題の解決なくして北朝鮮との国交正常化はあり得ないということ」を再確認し、「政府一体となって、すべての拉致被害者の生還を実現」することをめざすと宣言した。第一項は、北朝鮮側に、すべての被害者の「安全を確保し、ただちに帰国させるよう引き続き強く求めていく」、第二項は、すでに実行した経済制裁措置に加えて、「今後の北朝鮮側の対応等を考慮しつつ、更なる対応措置について検討する」、第三項は「現行法制度の下での厳格な法執行を引き続き実施していく」となっている。この第三項は朝鮮総連に対するハラスメント措置を継続するということである。第四項は、「情報の集約・分析」、「問題解決に向けた措置の検討」、「国民世論の啓発を一層強化する」。第五項は「特定失踪者」など、拉致と認定できていないケースをさらに捜査・調査し、認定されれば北朝鮮に対してつきつける。第六項は、国連等、国際的な協調の強化である。まとめれば、被害者全員の生還実現、制裁の強化、北朝鮮非難の広報の強化・拡大という活動方針である。

この方針の実現のために、一一月七日、関係省庁対策会議がもたれた。中山首相補佐官を事務局長として、宮内庁をのぞく一六の省庁の局長・審議官クラスが顔をそろえ、情報、法執行、広報の三分科会を設置した。「対応方針」の各項目別に各省庁が何をしているかを報告した結果の一覧表が作成されている。さらに一一月一四日には、自民党の政調会にも拉致問題対策特命委員会が設置され、委員長には政調会長中川昭一が就任した。中川は「拉致問題は何も解決していない。残り数十人、数百人の人を返して初めて（北朝鮮との）対話がある」と、超強硬の姿勢を強調した。こうして、内閣、省庁、与党の三位一体の体制がつくりあげられた。

拉致問題対策本部は二〇〇六年度補正予算に二億二六〇〇万円を組み込むことを決め、あわせて二〇〇七年度予算案には四億八〇〇〇万円を計上することにした。その内訳は、北朝鮮向け放送関連に一億三四〇〇万円、特定失踪者問題調査会の短波放送支援に一億一七〇〇万円、安否情報収集体制強化のために八一〇〇万円などであった。

安部内閣の拉致問題の取り組みの最初の成果は一九七七年に失踪した松本京子を北朝鮮工作員に拉致されたと認定したことだった。だが、これが最後の拉致認定となった。

†北朝鮮人権侵害問題啓発週間

そして一二月に入ると、北朝鮮人権法によって定められた「北朝鮮人権侵害問題啓発週間」（一二月一〇日より一五日まで）がはじまった。「国民の間に広く拉致問題その他北朝鮮当局による人権侵害問題についての関心と認識を深める」ために、国および地方公共団体はふさわしい事業を実施することが義務づけられている。一二月一〇日、キャンペーン週間開始の日、全国紙六紙に半面大の政府広報広告「拉致問題。すべての被害者の帰国を目指して真剣に取り組んでいます」が拉致問題対策本部長安倍総理の大きな顔写真とともに安倍総理・対策本部長名で掲載された。

まず「現在も、多くの拉致被害者が救出を待っています」という見出しを立てて、よびかけている。「拉致被害者のうち帰国できたのはわずか五名。我が国は、国民の生命と安全を守るという基本的な使命を果たすため、すべての拉致被害者が生きているとの前提に立ち、被害者全員の奪還に総力をあげて取り組んでいます」。ここで「すべての拉致被害者が生きている」と政府として断定したことが決定的に重要であった。

ついで「奪われたのは「大切な人生」「大切な家族」、取り戻すには国民の皆様のご支持が不可欠です」という見出しを立てて、よびかけている。「長い年月にわたり、拉致被害者は自由を奪われ、帰国を待ちわびる御家族の苦しみも続いています。とりうるすべての手立てを講じることが必要です、国民の皆様のご理解をおねがいします」。取り戻すのに「すべての手立て」をつくすという言葉が重要である。

最後に「北朝鮮に対し、すべての拉致被害者の速やかな帰国を強く求めます」という見出しを立てて、要求している。「拉致問題は我が国の最重要課題です。政府は、私を本部長とし全閣僚が参加する対策本部の下で一丸となり、国際社会との連携も強めつつ、全力でこの解決を目指します」。北朝鮮が八人死亡、四人は入境せずと回答しているのを無視して、全員を生きたまま帰せと要求するのだから、外交交渉をするつもりはなく、ひとえに圧力をくわえ、屈服させるつもりなのである。

以上が安倍首相の全国民に対するよびかけである。さながら開戦の詔書の発表である。

2016年12月10日、全国紙6紙に掲載された政府広報広告

一二月一四日の「拉致問題を考える国民の集い」は政府主催で日比谷公会堂で開かれ、八五〇人が出席した。安倍首相、中山首相補佐官と横田夫妻が発言した。安倍首相は、自分が首相である限りは、拉致問題の解決なくして日朝国交正常化はおこなわないことを約束すると断言した。

安倍政権が誕生した意義について、安倍のブレーンの一人、京都大学教授中西輝政がのちに『諸君！』二〇〇七年一〇月号に論文「「9・17の誓い」と日本の覚醒」を発表している。「9・17の誓い」とは、二〇〇二年のあの日、北朝鮮がおこした拉致問題の真相を知って、横田早紀江さんの言葉を聞いた日本人が覚醒した結果だ。みなが「国家とは何か」を考え、同胞に対する意識を自らのものとしたのだ。「二〇〇二年を境に日本人の国家観は大きく変わった。その後の日本の政治はこの「決定的瞬間」（デファイニング・モーメント）としての拉致問題を抜きにして語ることができない」。そうした覚醒した人々が安倍首相を政権の座につけたのだと中西は言う。「安倍政権とは拉致問題によって生まれた政権であることを、もう一度明確に意識しなおす必要がある。その意味するところは、「国民と直結した政権」だということだ。安倍を総理まで押し上げたのは、拉致被害者奪還運動によって、それまでの日本の国のあり方に根本的な疑問を感じた人びとである。彼らこそ……現代の日本で最も良質な日本人だ。」

これは安倍晋三という政治家の成し遂げたことについての意義深い論評である。

†安倍拉致三原則

安倍内閣の登場以来の拉致問題キャンペーンの内容は三つの原則に整理できる。第一原則は、「拉致問題は我が国の最重要課題です」という原則である。日本国の最重要課題だからこそ、拉致問題にとりくんできた自分が総理になって、自分の内閣あげてこの問題にとりくむ、そのために対策本部を内閣につくったのだというのである。拉致問題が重要課題の一つだということは認められるだろう。しかし、それが日本の現在の「最重要課題」だと言われたら、首をかしげない人はいないであろう。北朝鮮との問題で言っても、核実験が始まっているのだから、北の核兵器の問題の重要度は拉致問題より低いとは言えないはずだ。拉致問題が日本の最重要課題であるということは、安倍政府の拉致問題政策を絶対視させ、国民に受け入れさせ、国民精神を総動員する方策なのである。

第二原則は、「拉致問題の解決なくして日朝国交なし」という原則である。これは、小泉、田中の日朝平壌宣言外交を否定する原則だ。小泉、田中の外交は日朝国交交渉をおこなう、日朝国交に進む大きな枠の中で拉致問題解決のための交渉もおこなう、それによって現実的に拉致問題の解決に前進するというものであった。実際、国交樹立に進むための基本合意をつくったからこそ、北朝鮮側から拉致をおこなったという事実の認定と謝罪を獲得することができたのである。それに反して、この原則は、拉致問題を絶対化して、日朝国交正常化を放棄する原則だといわざるをえない。日本が朝鮮を植民地支配した加害の責任を否定し、朝鮮が拉致によって日本国・国民に被害を与えたことを絶対視し、その責任だけを追及する方針であり、外交を否定して、北朝鮮と徹底的に闘い、懲罰をあたえる方針である。

第三原則は、「拉致被害者は全員生存している」、だから、「被害者全員の奪還」を求めるという原則である。北朝鮮側が八人死亡したと言うが、検証できる資料を出してこない、だから八人死亡は未確定だ、ということは八人は生きているということだ、だから拉致被害者全員を帰せと要求する、という考えである。

だが、拉致をした北朝鮮側当局は拉致被害者の生殺与奪の力を握っている存在だったのだ。その拉致実行犯が八人は死亡したと言えば、八人を殺したのだなと考えるのが普通の判断である。被害者の肉親なら怒りと悲しみがこみあげて、絶対に許さないと叫ぶのも理解できる。しかし、国家としては、相手国家が謝罪するなら、不正常な時代の出来事として、受け入れて、補償の措置を求めるなど、現実的な解決策をみつける他はない。とはいえ、相手国家が死んだという被害者は全員生きているのだと、何の証拠もないのに主張するならば、相手政府は嘘つきだと決めつけ、外交交渉をするのはもはや無意味である、圧力を加えて、屈服させるぞと敵対宣言するに等しい。安倍第三原則は、対話、交渉、解決を否定するものであり、交渉決裂、外交断絶、敵対行動開始の原則に他ならない。

安倍内閣の誕生とともに打ち出された拉致問題安倍三原則は、北朝鮮の現体制との交渉を断念して、この体制に圧力を加え、崩壊においこむための原則であったと考えられる。この意味で安倍晋三首相は佐藤勝巳の忠実なる弟子となったのである。市井の浪人たる佐藤勝巳がそのように考えることは自由だが、日本国の首相たる安倍晋三がそのように考えることはあまりに軽率、無責任で、危険な所業だと言わざるをえない。事実安倍三原則は日朝関係を完全に行きづまりにいたらせ、日本国家の政治と外交の危機を招来したのである。

†拉致問題対策本部の活動

年が明けて二〇〇七年一月五日には首相の信任あつい漆間巌《うるまいわお》警察庁長官が記者会見で、「今年勝負に出なければならないのは北朝鮮による拉致問題だ。残る一一人の拉致被害者の帰国をサポートできるよう捜査に力を入れたい」と述べた。(5) 北朝鮮に圧力を加えるため、在日朝鮮人、朝鮮人団体がらみの捜査、立件に全力をあげ、ハラスメントを最高度にあげるという方針の表明であった。

拉致対策本部の活動は二〇〇七年にはフル回転で動き出した。北朝鮮向け短波放送はこの年七月九日から開始された。「ふるさとの風」という日本語放送と「イルボネパラム」という朝鮮語放送の二つで、毎日夜それぞれ三回ずつ、おこなわれている。プログラムは毎回次のような言葉ではじまっている。

こんばんは。今晩も『ふるさとの風』の時間がやってきました。この番組は、北朝鮮に拉致され、いまなお北朝鮮にとらわれている日本人のみなさんに向け、日本政府の提供でお送りしています。一九七〇年代から八〇年代前半にかけて日本人が北朝鮮に拉致される事件が相次ぎました。日本政府は、拉致問題は国家主権と国民の生命安全に関わる重大な問題であると考えています。その解決なくしては北朝鮮との国交正常化はないとの方針を決定、北朝鮮に対してすべての拉致被害者の安全確保と帰国を強く求めています。番組では、日本や北朝鮮をめぐる状況、日本政府の取り組み、拉致被害者のご家族からのメッセージ、なつかしい日本の歌や各地の話題などをお伝えします。それでは今晩もおつきあい下さい。

この放送を誰かが聞いているという証言はえられていない。しかし、北朝鮮当局は聞いているのはたしかである。そこに向けて、二〇〇七年七月から今日まで、毎日六回、「拉致問題の解決がないので、国交正常化はない」という日本政府の方針が音の爆弾となって打ち込まれているのである。

国内向けには、拉致対策本部は、この年からアメリカで製作された映画『めぐみ――引き裂かれた家族の三〇年（Abduction: The Yokota Megumi Story）』のビデオを買い上げて、全国で上映する活動を開始した。やがて、これは全国の中学校、高等学校にビデオを貸し出して、生徒たちにみせる活動に展開された。この映画で拉致事件について、もっとも中心的に説明をしているのは、脱北工作員安明進だ。彼は「めぐみさんが生きていることは、最近韓国へ来た情報員から聞きました。金正日の息子に日本語を教えているそうです」と語っている。(6) 日本の中学生をこの程度のほら話でだませるはずはない。このビデオ作戦は、安明進が二〇〇七年一〇月ソウルで麻薬所持で逮捕、有罪判決を受けたあとも継続しておこなわれている。国際的には、米国の政府、議会、メディアへの定期的な訪問、説明、各種パンフレットの各国語版による刊行、国際会議の定例開催などをおこなっている。

結局のところ、拉致問題対策本部の活動は、北朝鮮に対する非難のキャンペーンを国の内外において展開することであった。その意味では、これは拉致問題解決のための対策本部ではなく、拉致問題闘争本部と見るのが妥当である。

†安倍首相退陣へ

さて安倍首相が政権発足後、河野談話を守ると表明したことへの不満が政権の周辺にくすぶっていた。そのため忠実な下村博文《はくぶん》議員が事実関係研究の上、再検討する必要があると最初のアドバルーンを上げ(二〇〇六年一〇月二五日)、中山成彬《なりあき》会長の「日本の前途と歴史教育を考える議員の会」が一二月一三日に活動を再開するにいたった。一二月一五日には教育基本法の改正が実現して、右派は気分をやわらげた。

ところが、二〇〇七年年明けから、アメリカの下院ではマイケル・ホンダ議員の慰安婦問題決議が提出された。河野談話を評価し、その修正が策されていることを憂え、アジア女性基金を評価し、それが三月に解散することを残念に思うという行き届いた決議であった。これに反発する安倍首相周辺が動き出した。二月はじめ中山成彬の「考える議員の会」は、河野談話見直しの提言を月内に首相に提出することを決定した。[7] 三月一日安倍首相が日本軍による「強制性を裏付けるものはなかった」と発言した。

ところで、六者協議はなおつづいていた。二〇〇七年二月八日から一三日まで北京で開かれたのは第五回協議の第三フェーズの会議であった。この席で三項目の合意がまとめられた。第一は、北朝鮮が寧辺《ヨンビョン》など五カ所の核施設の稼働を二カ月間停止する、第二は、五カ国が北朝鮮にエネルギー支援をおこなう、第三は、五つの作業部会を設置する、である。しかし、安倍政府はエネルギー支援に不参加を表明した。しかし、「日朝関係正常化」部会は日本が設置しなければならない。そこで、外務省で待機していた日朝交渉大使原口幸市が動き出した。三月、原口はハノイで北朝鮮の宋日昊と協議したが、宋は二〇〇四年以来の北朝鮮の鬱憤《うっぷん》を吐き出し、拉致問題をめぐって協議は決裂した。原口はこれを最後に退任し、川島裕の後任として宮内庁式部官長に転職した。

米国では安倍首相の政策に批判が高まった。ワシントン・ポスト三月二四日号に、「安倍晋三の二枚舌(Shinzo Abe's Double Talk)」なる論文が載った。そこでは、安倍首相の対北朝鮮政策が批判された。六者協議での最強硬派は日本であり、拉致被害者について北が情報を出さないかぎり、北との関係改善の「いかなる協議も拒否する」としている、と指摘した。他方で、この論文は安倍の慰安婦問題認識を批判した。「奇妙で不快なことに」、安倍は第二次大戦中、「数万人の女性」を慰安婦にしたことの「責任を日本が受け入れたことを後退させるキャンペーンを並行して行っている」と述べている。この社説は安倍首相が拉致問題で北朝鮮の加害を糾弾しながら、慰安婦問題での日本の加害責任からのがれようとしていることを「二枚舌」と痛打したのだ。

安倍の政治は急速に力を失った。七月二九日の参議院選挙で自民党は敗北し、自公両党は過半数を割ってしまった。

原口の後任の日朝交渉大使に任命されたのが美根《みね》慶樹《よしき》であった。チャイナ・スクールで、外政審議室長谷野作太郎のもとでアジア女性基金と村山談話のために働いた美根は、「日朝関係が最低の状況」であることを憂い、「誠意を持って交渉にあたり、対話できる健全な状況に戻す」ことが使命だと考えていた。[8] 美根は九月六日からウランバートルで宋日昊と協議した。宋は打って代わって協議に前向きであった。協議継続の環境づくりができたかに見えたが、その後の政治情勢の急変で美根が協議を進めることはできなかった。

この月安倍首相の体調が急激に悪化し、国会で所信表明演説をおこなった二日後の九月一二日、辞職した。北の体制の早期崩壊を願っていたのに、自分の方が政権を投げ出さなければならなくなったのは無残な最期であった。だが、安倍首相は去ったが、安倍三原則は短い中断の後によみがえり、国策となってしまう。

註

(1)「ドキュメント 激動の南北朝鮮(第一〇二回)」『世界』二〇〇六年一月号、二〇三頁。
(2) 産経新聞、二〇〇六年六月二九日。金英男の記者会見(全文)、韓国統一ニュース、二〇〇六年六月二九日。
(3) 朝日新聞、二〇〇六年九月二七日。
(4) このドラマの紹介は、蓮池透・和田春樹・青木理ほか『拉致問題を考えなおす』青灯社、二〇一〇年、六六〜七九頁にある。
(5) 共同通信、二〇〇七年一月五日。
(6) この映画の紹介は、蓮池・和田・青木ほか、前掲『拉致問題を考えなおす』、八〇〜九二頁にある。
(7) 毎日新聞、二〇〇七年二月一〇日。
(8) 朝日新聞、二〇一二年三月三一日夕刊。

第七章　安倍路線の国策化　二〇〇七〜二〇一二

†福田内閣の対話路線

二〇〇七年安倍首相が退陣すると、まず自民党の総裁選になった。元官房長官の福田康夫が立候補して、麻生太郎外相と争うことになった。福田は対北朝鮮政策の転換を公約に掲げた。安倍路線の否定を押し出したのである。九月一六日総裁選の第一声で福田はこう述べた。「昨今の状況は、お互いに、交渉する余地がないような、非常に固い状況になっている。交渉の意欲が向こうに伝わる方法はないか。「対話と圧力」の基本姿勢の上に前進をはかる工夫を考えたい」。麻生はこれに対して「圧力が基礎だ」と述べて、安倍路線継続の立場であることを示した。結果は、福田康夫の勝利であった。福田は村山談話、河野談話を継承する人であり、小泉・田中の平壌宣言外交に立ち返ろうとする姿勢は明らかであった。

福田首相は二〇〇七年九月二六日の所信表明演説で次のように述べた。「朝鮮半島をめぐる問題の解決は、アジアの平和と安定に不可欠です。北朝鮮の非核化に向け、六者会合などの場を通じ、国際社会との連携を一層強化してまいります。拉致問題は重大な人権問題です。すべての拉致被害者の一刻も早い帰国を実現し、「不幸な過去」を清算して日朝国交正常化を図るべく、最大限の努力を行います。」

「すべての拉致被害者の一刻も早い帰国を実現」するとは安倍首相の文言の継承だが、安倍三原則が否定されれば、この目標の意味づけも変わってくる。

福田政権のもとでは、拉致問題対策本部の会議は一度も招集されなかった。もちろん、本部の予算やスタッフは維持され、活動も継続された。

†変わらぬ反応、あたらしい努力

安倍が退いて、福田政権が生まれたことは保守反朝鮮派に衝撃を与えた。『諸君！』二〇〇七年一一月号には、櫻井よしこの論考「福田氏の〈対北政策〉に、国民は必ず「NO！」という」が載った。他方で和田春樹は『世界』一二月号に論文「安倍路線の破産と新朝鮮政策」を載せた。日朝間の交渉を進めるために、拉致問題での三回目の調査が必要だが、そのためには横田夫妻の訪朝をもとめざるをえないと主張している。年が代わって、二〇〇八年のはじめから、日朝間の連絡ルートを維持してきたNGOレインボーブリッヂ事務局長小坂浩彰が北朝鮮で戦後抑留された者で死亡した人の遺骨と墓参の問題を日朝交渉のテーブルにのせられないかと動き出した。この人が新右翼団体「一水会」の鈴木邦男、木村三浩《みつひろ》とともに平壌で北朝鮮側と交渉したのはこの年四月二四日のことだった。そこで戦後の抑留日本人の死者の墓、遺骨供養問題が話し合われた。(1)

動いたのは外務省である。福田首相の意をうけた齋木アジア大洋州局長が二〇〇八年六月一一日〜一二日に北京で朝鮮側と交渉をおこない、合意にいたった。日本側は「今後は発言を自粛し、北朝鮮側を刺激せず、拉致問題を政略的に利用しない」ことを約束したようだ。(2)それで、北朝鮮は拉致問題が解決済みだと主張しないことを明らかにし、再調査を約束し、よど号関係者の帰国をも調整するとした。日本側は公務員の往来禁止、チャーター便の不許可を解除し、人道支援のための北朝鮮船の入港を許可すると表明した。ところが、この発表の段階で、日本の中で逆流がおこり、再調査の結果をみて、これらの制裁解除を実施すると後退したので、北朝鮮側は反発した。

その後齋木局長はもう一度、八月一一日〜一二日に瀋陽《しんよう》で交渉することになった。日本側が「約束を守るのは福田内閣の方針だ」と言うので、新たな合意が結ばれたという。今度は北朝鮮側が再調査委員会の立ち上げを通知したら、日本側が公務員の往来禁止、チャーター便の不許可を解除するとの新しい合意ができた。北朝鮮は最初は三つの制裁の解除をもとめたのに、二度目は二つの、ほとんど意味のない制裁の解除で合意をした。

†反対派の混乱

他方で、日朝交渉反対勢力の中では、混乱が起こっていた。『現代コリア』が二〇〇八年二月号を最終号として廃刊になった。総帥佐藤勝巳は同年七月救う会の会長を解任され、追い出された。佐藤が取材に来た青木理に語ったところでは、佐藤が救う会の会計を整えることを主張したところ、それに反対する西岡力らが救う会内部で多数派工作をおこない、佐藤の会長解任を決議し、後任に弁護士の藤岡義昭を選出した。西岡は会長代行となった。(3)これは佐藤の側の説明だが、世上では北海道の支援者が出した一〇〇〇万円の資金を佐藤が私物化したという疑惑がこの件にからんでいるという見方もある。いずれにしても、佐藤は自分のつくった救う会から追い出されて、自分の直系の弟子である西岡力に救う会の権力を奪われたのである。西岡はのち二〇一〇年三月に藤岡を名誉会長にあげ、救う会会長に就任する。

他方で、日朝国交促進派の側には新しい運動組織が生まれていた。自治労、日教組など平和人権フォーラムが中心になり、「東北アジアに非核・平和の確立を！　日朝国交正常化連絡会」を発足させたのである。二〇〇八年七月二四日の発会式には、全国各地で朝鮮総連との連帯協力運動をしている平和フォーラムや社民党の地方組織が代表をおくりこんだ。平和フォーラム代表福山真劫《しんごう》、立教大学准教授石坂浩一が共同代表となり、日朝国交促進国民協会事務局長の和田春樹はこちらの会の顧問に就任した。さしあたりは毎年九月一七日、平壌宣言の記念日に総会と記念講演会を開いていくことを申し合わせた。

†福田首相突然の降板

福田首相は正常化交渉を進める強い決意を北朝鮮側に伝えたのだが、それは空文句に終わってしまった。二〇〇八年九月二四日、福田首相は二度目の合意が実施に移されるのを待つこともなく、あっさり政権を投げ出してしまったのである。のちに福田氏に会った折に聞くと、金正日委員長が倒れたことを知ったので、日朝打開をあきらめたのだと語った。たしかに第二回の合意の直後、二〇〇八年八月の末に金正日委員長が脳卒中で倒れたという情報が流れた。しかし、金正日は回復して、翌二〇〇九年八月には訪朝した元米大統領クリントンと会談するのだから、金正日の病気で日朝打開をあきらめるということはありえないだろう。福田首相は公明党と衝突し、公明党側からの不信任表明をうけ、やめざるをえなくなったとみられている。公明党がなぜそのように動いたのか、謎である。二〇〇八年九月二四日福田首相は辞任した。

†麻生内閣による安倍路線復活

福田内閣がまた一年で終わり、次の麻生政権になると、拉致問題対策本部が蘇った。二〇〇八年一〇月一五日には拉致問題対策本部の第二回会合が開催された。麻生政権で官房副長官に就任した漆間巌が拉致問題対策本部の事務局長になった。さて、拉致問題対策本部の二〇〇八(平成二〇)年度予算は福田政権時代より一億円増えて、五億八四〇〇万円になった。

朝日新聞社の写真展「めぐみさん　家族と過ごした一三年」が市民グループ「あさがおの会」と共催で、全国で三年間にわたりおこなわれてきたが、この二〇〇八年一一月には東京でしめくくりの写真展が開かれた。そのさい一一月二三日朝日新聞の名物コラム「天声人語」は、「凶悪犯罪の中でも、理不尽さ、もどかしさの極みは北朝鮮による拉致事件だろう」として、この写真展にふれ、横田夫妻の活動は「現実の「世直し」でもある」と激賞した。最後に「悔いのないように生きる」という早紀江氏の言葉を引いて、「隣国の母に血の言葉を吐かせ、独裁者はまだそこにいる」と結んでいる。このような激しい憎しみの言葉が朝日新聞の紙面に載っているのを見て、暗澹《あんたん》たる思いがした。

日朝国交促進国民協会は福田内閣に強く期待しただけに、一年もたたぬうちに福田首相が政権を投げ出したので、がっかりしていた。二〇〇八年一〇月一八日より二二日まで、和田春樹と木宮正史は訪朝した。そのさい朝鮮外務省研究員李炳徳《リビョンドク》と意見交換をおこなった。和田は、かねてから考えていた横田夫妻の訪朝を再調査の中に加えるという案について訊いた。横田は二〇〇三年はじめ訪朝の意志を表明して、つぶされたままであったからである。李研究員はこれに対して答えた。「横田夫妻は訪朝するのがいいのではないかと再三述べてきた。しかし、横田夫人はアメリカにばかり行っていて、朝鮮には来ようとしない。娘の魂を抱きとめようとしないのは理解できない」。ほかの被害者の家族も来られれば、受け入れるとのことだった。ここに壁を破る道があると考えた。

外務省も二〇〇九年あたりはまったく動いていない。四月美根慶樹は日朝国交正常化交渉担当大使を辞任し、ジュネーヴの国連軍縮大使に転出した。後任は任命されなかったので、美根が最後の担当大使となったのである。

二〇一〇年には国民協会は創立一〇年という節目を迎える。そのために、和田春樹は「日朝国交正常化二〇一〇年計画について」なるメモを〇九年四月八日に作成している。この中で和田は、日朝交渉をはばんでいるのは、「すべての拉致被害者の帰国が国交正常化の前提である」という安倍元首相の思想であり、拉致問題対策本部を中心とした体制であり、そこで実施されている政策であると主張した。具体的な方策として強調したのが拉致対策本部の解散と再調査の一環としての横田夫妻の訪朝であった。後者について次のように述べている。「再調査を真に意味あるものにする意味で、横田夫妻の訪朝を要請する。横田夫妻がキム・ウンギョンさん、金英男氏と会うことをはじめとして、関係機関を訪問し、真相を究明するように努力する以外に、突破口をひらくことができない。政府諸機関の関係者が同行する必要がある」。さしあたりはこれも机上の空論であった。

†田原発言事件

マスコミはこのころには批判の異論を許容するものではなくなっていた。その象徴が田原総一朗の横田めぐみ、有本恵子死亡発言の顚末《てんまつ》であった。田原は二〇〇九年四月二五日、『朝まで生テレビ』の番組で、次のように発言した。

ブッシュ大統領がテロ支援国家指定を解除した。私はこの時、外務省のナンバーツーだかナンバースリーに、「日本は拉致問題があるのに、こんなテロ支援国家の指定を解除するとは日本に対する裏切りではないか」と言ったの。……その人は、「実はそうではない」、「アメリカは日本にあきれ返ったのだ」……「ベルリンの二〇〇七年一月のこの対話から日本に対して一年間時間をくれた」、「拉致問題をきちんと交渉しろ」、「ところが日本はついに交渉ができなかった」と、こう言っています。なんでできなかったかははっきりしている。つまり、……日本は、横田めぐみさんと有本恵子さんは生きている前提でやってるわけだ。ところが北朝鮮は繰り返し、「生きてない」と言っているわけ。外務省も生きていないことはわかっているわけ。そこで生きてないという交渉をやると、……こてんぱんにやられる。

この発言に家族会・救う会が憤激した。五月一一日、飯塚繁雄家族会代表、藤野義昭救う会会長名の抗議文が発され、記者会見がおこなわれた。「娘の生存を信じていのちがけで救出運動に取り組んでいる横田・有本両ご夫妻をはじめとする家族会・救う会が、過激な行動で異論を封じているかのように述べた」、「貴殿の言動からは同胞である拉致被害者を助け出すという意思が全く感じられない」と批判した。さらに、「確実な根拠も示さず被害者死亡説を公共の電波を使ってまき散らしたとすれば、著しい人命軽視であり、家族と多くの国民の気持ちを踏みにじるものだ」と抗議したのだ。

記者会見の発言の中では、横田滋の次の発言が注目される。「死亡の証拠は何もないんです。客観的証拠がない限りは、生存を前提に行動するのが当然のことです。死んでいるのに交渉を引き延ばすためにやっているのであれば、とんでもないことです。家族としては真相を知りたい。もし本当に死亡しているのであれば受け入れるしかないのですが。政府には外務省も入っていますが、死んでるのがわかっているのに生きているとして交渉しているのであれば大変なことです」。

死亡の通告を受けた他の被害者家族と違って、めぐみさんの場合には、手がかりがある。娘のキム・ウンギョンと元の夫の金英男が平壌に生存している。横田夫妻としては、この二人に会って、その目をみて、話し合い、真相にせまる努力をすることができるのに、そのことを実行しないできて、「真相を知りたい」とだけ言うのは問題だ。横田滋が述べているように、「死んでるのがわかっているのに生きているとして交渉しているのであれば大変なこと」なのである。

五月一六日、テレビ朝日の担当プロデューサーが謝罪の回答を出した。しかし、救う会は、あくまで田原本人の謝罪を要求した。ここで田原総一朗は「おわび」の文書を出すことを余儀なくされた。田原は「外務省も生きていないことが判っている」という言葉は「まことに乱暴な言い方」で、「ご家族、ならびに関係者の方々にご不快の念を抱かせ、お心を傷つけましたことを心からお詫び申し上げます」と書いている。「私は横田めぐみさん、有本恵子さんなど八人の方々が生きていらっしゃることを心からのぞんでおります」

と付け加えた。

家族会・救う会は五月二二日の記者会見で、「拉致被害者を見捨てる」発言をする田原がテレビ番組をもつのは許されないとして、田原の降板を検討するように放送各社に要望した。さらに五月二八日、家族会・救う会は田原発言の審査を放送倫理・番組向上機構に求めた。

ところがここでテレビ朝日の親会社ともいうべき朝日新聞が田原の応援にのりだした。六月一三日、朝日新聞のオピニオン欄に田原総一朗の長文の寄稿「北朝鮮と交渉せよ」が載ったのである。その中央部分に問題の外務省幹部とのやりとりが引用されていた。こんどは外務省幹部は「日本国民がこのかたちならば北朝鮮と交渉を進めることに納得するという見通しは、当分開けない」と嘆いたという話になっている。

このかたちとは何かと問うて、田原は「八人の拉致被害者の生存を確認して帰国させることなのである」とし、これ以外の交渉を国民が認めないことが問題だと述べている。さらに田原は五月一九日の中曽根弘文外相の記者会見での言葉、「外務省は安否不明の拉致被害者は全て生存しているとの立場、前提に立っている」を批判し、「この言葉を条件にするかぎり、北朝鮮が交渉を受け入れるはずはない」と言い切った。

七月一六日精神的苦痛を受けたとして、有本恵子さんの父親明弘、母親嘉代子の両人は、田原を相手取り、計一〇〇〇万円の慰謝料を求める民事訴訟を神戸地裁に起こした。他方、救う会は問題を、NHKと民放でつくる放送倫理・番組向上機構（BPO）の放送人権委員会に提訴した。BPOは提訴を受け付け、審理に入ることを決定した。

†鳩山内閣の下で

麻生太郎内閣も一年しかもたなかった。二〇〇九年の総選挙では民主党が勝利し、政権交代がおこった。皮肉なことに、安倍首相退陣と福田内閣の対話路線で力を失った安倍三原則と拉致問題国論化の動きをふたたび立て直し、定着させたのがほかならぬこれ以降の民主党政権であった。

二〇〇九年九月一六日に誕生した鳩山民主党内閣では、外相には岡田克也が就任した。拉致問題担当総理特別補佐官のポストは廃止されたが、拉致問題担当大臣には党の拉致問題対策本部長であった中井洽《ひろし》が任命された。彼は、三重県選出の衆議院議員であった父の地盤をうけつぎ、民社党議員となった。一九九四年には羽田内閣の法務大臣をつとめ、それから新進党、自由党、民主党とわたり歩いた人であった。二〇〇五年一二月から民主党の拉致問題対策本部の責任者となり、拉致議連では副代表をつとめた。二〇〇八年一一月、追加制裁案が政府自民党で議論されたとき、自民党案よりもさらに過激な案を立案して、民主党指導部をおびえさせたほどであった。鳩山首相がこのような人物を拉致担当大臣に任命したのは民主党政権の原罪であったと言わなければならない。

就任時の記者会見で中井新大臣は「「対話と圧力」ではなく、「圧力と圧力」だと考えてきた。従来の政府の政策は生ぬるい(4)」との方針を明らかにした。中井大臣が真っ先に取り組んだのは内閣の拉致問題対策本部の改組強化であった。一〇月一三日、従来全閣僚から構成されていた対策本部を首相、外相、官房長官、拉致担当相の四人で機能的に構成するようにあらため、スタッフを三〇人から四〇人に増やすという方針を打ち出したのである。一二月には、拉致対策本部の情報の収集能力をたかめるとして、民間人の登用を決め、北朝鮮難民救援基金の加藤博理事長、特定失踪者問題調査会専務理事・副代表の真鍋貞樹拓殖大学教授らを大臣直属の参与とする手続きをとった。さらに、情報収集のための予算が必要だと主張して、二〇〇九年度予算においては六億一八〇〇万円を一二億四〇〇〇万円と一挙倍増させたのである。

中井大臣は制裁の強化をめざした。まず、北朝鮮からの女子サッカー・チームの入国阻止を主張した。二〇一〇年二月に東京でおこなわれる東アジア女子サッカー選手権決勝大会に参加する北朝鮮女子サッカー・チームの入国について、千葉景子法相に圧力を加え、「制裁措置がとられているので、基本的には入国は認められないと思います」と言わせた。

この件では北朝鮮のサッカー協会から抗議文がよせられ、国際サッカー協会（FIFA）の判断も心配される状況となったため、政府部内で検討がなされ、入国を認めることになったのだが、北朝鮮側は抗議して、参加をとりやめてしまった。

ついで中井大臣は民主党政府が用意している高校無償化措置をめぐり、二〇一〇年二月二三日川端文部科学相に、「制裁をしている国の国民」だという理由で、朝鮮高校を対象からはずすように要請した。川端大臣はこの要請を無視する態度を明らかにしたが、[5]鳩山首相の動揺した態度が混乱をよび、朝鮮高校が無償化措置の対象外とされてしまったのである。

中井大臣は公然と鳩山総理の外交方針を批判した。記者に対して、「僕は平壌宣言を認めません。ただ鳩山総理は踏襲するおつもり」、北朝鮮には「友愛は通用しません」と平然と語った。[6]

さて拉致問題対策本部の倍増された予算は、当然ながら使い切れなかった。二〇一〇年度予算一二億四〇〇〇万円のうち、使ったのは三億六四〇〇万円で、九億円近くを返納することとなった。安否情報収集体制の強化経費は八億六四〇〇万円組んであったのだが、かりによい情報をもっている脱北者に一件一〇〇万円を支払うにしても、八億六〇〇〇万円を使うには、八六〇〇人もの情報提供者を集めなければならず、不可能であった。滑稽なことに、年度末に返すことになっても、一度増額した当初予算を減らすことは、拉致問題への関心をうすくしたという印象をあたえるので、できないとして、拉致対策本部の二〇一一年度予算は、一二億四〇〇〇万円と同額を維持することになったのである。

このことは内閣に拉致問題対策本部を設置しても、なすべき有意義な仕事がないことを示している。拉致対策本部は、拉致問題が日本国家の最重要な課題であると宣伝するショーウィンドウになっていった。そのショーウィンドウにならべる人物として、中井大臣は、まず二〇一〇年四月四日から八日にかけて北朝鮮労働党の元書記で、韓国に亡命した黄《ファン》長燁《ジャンヨプ》を日本に招待した。これは政権内部でも疑問があがったこともあり、とりわけ目立った印象をあたえなかった。

日朝国交促進国民協会の活動

日朝国交促進国民協会は二〇一〇年で創立一〇年を迎えた。二〇〇一年、遅くも二〇〇二年までに日朝国交交渉の妥結を達成するとしてスタートしたのに、一〇年はあっというまにすぎてしまった。さらに活動をつづけるには、基礎的な学びの機会が必要だ。そう考えて、この年、二月四日から番町会館のホールで連続講座「朝鮮と日本――これだけは知っておきたいこと」を開始した。第一回の話者は映画監督の前田憲二で、テーマは「朝鮮と日本――破壊された歴史、生きている文化」、二月一八日の第二回から第六回までは和田春樹が日露戦争から韓国併合まで、三・一独立宣言、金日成の満州抗日戦争、八月一五日の日本人と朝鮮人、金正日の日本観について話した。

最後の八月三〇日は講演と討論「併合一〇〇年――日本と北朝鮮」で、討論者は美根慶樹と小此木政夫であった。ちなみに、この日をもって三木睦子氏の厚意で一〇年間使わせてもらった番町会館内の協会事務所を閉鎖した。和田の講座は、その年一二月、『これだけは知っておきたい日本と朝鮮の一〇〇年史』（平凡社新書）として出版された。副会長であった三木睦子氏は二年後、二〇一二年七月三一日に逝去された。

五月一〇日には「韓国併合」一〇〇年日韓知識人共同声明が東京とソウルで同時発表されたが、併合は「不義不当」であり、「併合条約も不義不当」であるとして、日韓基本条約第二条の解釈は当初より併合条約は無効であったとした韓国側解釈で統一すべきだとしたこの声明の起草者の一人は和田春樹であった。大きく言えば、この声明も日朝国交促進のための活動の産物であると言ってよい(7)。

この時期、動きがとまった日朝関係改善のためにはたらいていたのは、NGOレインボーブリッヂ事務局長小坂浩彰であった。小坂は北朝鮮と連絡の上、民主党の衆議院拉致問題特別委員会委員長城島光力に接触し、北朝鮮側との交渉を勧めた。城島議員は川崎市が選挙区で、川崎在住の横田夫妻のことには格別注意を向けてきた。衆議院の拉致対策委員会の委員長として、取り組んでいるうちに、小坂と会い、特別な行動をはじめるにいたったのである。二〇一〇年四月、城島光力は北京に向かい、李先生とよばれる朝鮮労働党の人物と会った。二人はさまざまなことを話して、別れた。翌月、城島はふたたび北京に赴き、李先生と会った。(8)

†菅直人内閣

二〇一〇年六月、鳩山総理が沖縄普天間基地移設問題で退陣し、菅直人が総理となった。官房長官が仙谷由人に代わっただけで、主要閣僚は留任し、拉致大臣も中井のままだった。

ひきつづき、中井大臣はショーウィンドウ政策の第二幕をやった。大韓航空機爆破事件の実行犯金賢姫を日本に招待したのである。二〇一〇年七月二〇日、金賢姫は日本政府さしまわしの特別機で羽田に到着し、国賓用の車で羽田を出発し、軽井沢の鳩山前首相の別荘に向かった。そこが日本滞在中の彼女の宿とされた。

金賢姫はこの日と翌二一日、田口八重子の兄飯塚繁雄と長男の耕一郎氏と会った。彼女は「田口さんは絶対生きている」と語り、田口耕一郎のノートに「ソウルの母より」として、「愛する息子よ。お母さんは必ず戻ってきます」と書き込んだ。二一日夕方には、横田夫妻と懇談した。かねてから金賢姫は、横田夫妻に会ったら、話すことがあると語っていたので、期待がもたれていたのだが、「めぐみさんとは一回会った」、「猫が好きで、たくさん飼っていた」、「みなを笑わせていた」と述べただけだった。生死については、「絶対に生きている」と繰り返したのだが、別に根拠はなく、さすがに横田夫妻もがっかりしたようだった。

金賢姫は二二日に鳩山の別荘を出て、東京調布市にいたり、そこからヘリコプターに乗って、四〇分ほど遊覧飛行をした。さすがにこの遊覧飛行は批判を浴びた。朝日新聞は、チャーター機代が一〇〇〇万円、数百万円かけた厳戒態勢、ヘリコプター代が八〇万円、この費用は拉致対策本部の今年度予算一二億円から支出されると指摘したが、「それでも、拉致被害者の家族は「絶対生きている」という金元死刑囚の言葉に希望をつなぐ。来日を実現させた政府への感謝の声もあがった」と記事を結んだ。

金賢姫の招待は政府の拉致問題認識、政策の完全な行き詰まりを示した。しかし、中井拉致大臣がここまでやったことは、安倍首相のレガシーを完全に定着させ、公式の日本の国策としたと言えるように思われる。

菅直人首相は、併合一〇〇年の年にあたって、五月の併合一〇〇年日韓知識人共同声明でも攻められたのに、辛うじて応えて、八月一〇日、併合一〇〇年総理談話を出した。そこで次のように述べた。仙谷由人《せんごくよしと》官房長官が努力して、まとめた談話である。小此木政夫教授が起草に協力したことが知られている。

本年は、日韓関係にとって大きな節目の年です。ちょうど百年前の八月、日韓併合条約が締結され、以後三十六年に及ぶ植民地支配が始まりました。三・一独立運動などの激しい抵抗にも示されたとおり、政治的・軍事的背景の下、当時の韓国の人々は、その意に反して行われた植民地支配によって、国と文化を奪われ、民族の誇りを深く傷付けられました。私は、歴史に対して誠実に向き合いたいと思います。……この植民地支配がもたらした多大の損害と苦痛に対し、ここに改めて痛切な反省と心からのお詫びの気持ちを表明いたします。

この談話にもとづいて、朝鮮王朝儀軌《ぎき》など朝鮮半島由来の図書を韓国に渡すことがなされたが、北朝鮮政府に対してはこの総理談話の伝達すらなされなかった。参議院決算委員会で又市征治《またいちせいじ》議員の質問（一〇月一八日）に応えて、菅総理が「当時の韓国という意味は、当時はまだ一つの国でありましたので、そういう意味を含めてだと御理解をいただきたい」と述べただけだった。

菅総理時代には、拉致問題対策本部の会合は四回も開かれ、完全に定着した。そのつど、菅総理は救う会、拉致議連、対策本部スタッフのいうなりに、被害者の帰国が実現していないのは「慚愧《ざんぎ》にたえない」とか、「政府一丸となって猛進する」とか、言葉だけをエスカレートして、実際には何もしないままだった。それでつっこまれて、ついに自衛隊の派遣による救出を口走り、問題をおこす有様だった。

二〇一〇年六月一八日には「拉致問題への取組」三項目の確認がなされ、一〇月二二日には全閣僚が出席して、北朝鮮情勢分析がなされた。

†菅内閣の拉致対策本部の姿

日朝国交促進国民協会は菅内閣の拉致対策本部の仕事ぶりを絶望的な思いで見ていた。和田春樹は小坂浩彰の紹介で城島光力議員と会い、意見を交換するなどしていた。和田は城島議員にも横田夫妻の訪朝が鍵であると提案していた。小坂は北朝鮮から引き揚げた人々が遺してきた死者の慰問を可能にするという課題の解決を城島と相談していた。

一一月二三日、北朝鮮軍が韓国の延坪島《ヨンピョン》を砲撃するという異常な事件が発生した。すると、二九日には拉致対策本部の会合が開かれ、本部長、すなわち菅総理は指示「拉致問題の解決に向けて」を出したのである。

北朝鮮による日本人拉致問題は、我が国に対する主権侵害かつ重大な人権侵害であり、許し難い行為である。政府が認定した拉致被害者は一二件一七名であるが、八年前に帰国された五名を除き、一二名の拉致被害者が北朝鮮に囚われの身になったまま愛する家族と引き裂かれ、一日も早い救出を待ち望んでいる。また、政府が認定した拉致被害者以外にも、拉致の疑いを否定できない方々もいる。このような状況にあることは政府として慚愧に堪えず、拉致問題が長期にわたり膠着《こうちゃく》状態にあるという厳しい現状認識の下、一日でも早く全ての拉致被害者の安全な帰国を実現すべく、更なる取組を政府一丸となって猛進することが必要である。

北朝鮮に対する我が国の基本的なスタンスは、第六五回国連総会（平成二二年九月二四日）において示したとおり、日朝平壌宣言にのっとり、拉致、核、ミサイルといった諸懸案を包括的に解決し、不幸な過去を清算して、国交正常化を図る考えに変わりはなく、かつ、その前提としては、特に、拉致問題の解決が不可欠であることは言うまでもない。また、北朝鮮が日朝間の合意を実施するなどの前向きなかつ誠意ある対応をとれば、日本としても同様に対応する用意があり、我が国としては引き続き、北朝鮮が累次の安保理決議や六者会合共同声明に従って具体的な行動をとることを求めていくことに変わりはないとしてきた。しかしながら、現在、北朝鮮は核開発を継続する姿勢を改めて誇示し、韓国延坪島に対して砲撃を行うなどの動きを見せている。このような挑発行為は、我が国を含む北東アジア全体の平和と安定を損なうものである。当対策本部においても、このような事態を踏まえて十分な対策をとる必要がある。

このとき、菅内閣は高校無償化措置の対象に朝鮮高校を含めないとの決定を再考することを放棄した。

救う会はこの時期には「対北風船ビラ」日本実行委員会に参加して、完全な反北団体化した。二〇一一年二月一六日、「金正日の悪行を糾弾し北朝鮮人民に真実を伝える日韓連帯集会」が開催された。主催者は家族会、救う会、他二団体であり、共同代表は西岡力と三浦小太郎がつとめた。西岡力は、九月までに北朝鮮が動かねば、追加制裁を要求する、自衛隊派遣による救出を主張した(9)。救う会は、朝鮮高校への無償化措置の適用に徹底反対であることを、家族会とともに文部省へ申し入れた。

†東北大地震の中で

二〇一一年三月一一日には、東北大地震が発生した。一〇〇〇年に一度の巨大な津波、そして人類史上最悪レベルの原発事故が発生した。この大災害にさいして、北朝鮮は被災した日本国民に同情を示した。北朝鮮は東北大震災が発生すると、労働新聞が連日報道した。三月一六日の大きな記事は次のように結ばれていた。

日本政府は一〇万名以上の救助隊を派遣し、災難救助に総力をあげている。国際社会も日本で発生した自然災害について深甚なる憂慮と同情を表しており、その救助事業に協力していこうとしている。最近国連事務総長は緊急記者会見をひらき、……可能なすべての支援を提供するつもりだと述べた。現在、中国、ロシアなど……四十余ヵ国の約七〇の緊急救助団が派遣されるか、派遣待機状態にあり、さまざまな国が人道主義的救助物資を送っている。……すぐる一四日わが国の赤十字会中央委員会委員長は日本赤十字社社長に慰問電文をおくり、地震及び津波被害をうけた数多くの被害者に深い同情と慰問を表し、……被害者の生活が一日も早く安定するように望むと強調した。いま差し迫っていることは地震、津波被害に直面した人々を救助し、災害防止対策を立てることである。

北朝鮮赤十字は義捐金一〇万ドル（日本円八一〇万円）を朝鮮総連を通じて送ってきた。

これは三月二五日に伝達されたが、日本では新聞はほとんど報道しなかった。他方で、四月五日、日本政府は北朝鮮制裁の一年間継続を発表した。

北朝鮮は、拉致問題について平成二〇年八月に合意した調査のやり直しにいまだ着手していないことなど具体的な行動をとっておらず、核・ミサイル開発を継続する一方、韓国哨戒艦《しょうかいかん》沈没事件、国連安保理決議に違反するウラン濃縮計画の公表、延坪島砲撃事件といった挑発行為を繰り返すなど、依然として我が国を含む地域の安全保障にとって喫緊かつ重大な不安定要因である。こうした北朝鮮をめぐる諸般の情勢を総合的に勘案し、これらの措置の継続が必要と判断した。

日本政府のこの発表に対して、朝鮮中央通信は四月八日論評を発表し、「日本政府は、現在のような混乱時に対朝鮮制裁劇などを演じて、時をすごすのでなく、被災地の人民の生活を安定させ、放射能被害を防ぐための対策を講じるべきである」と述べた。

北朝鮮は隣人としての配慮を示し、援助をおこなっている。日本は東北大震災のさなかにあっても隣人としてのふるまいすらできていない。

†齋木発言の暴露

二〇一一年初夏には、田原発言問題との関連で、注目すべき事件がおこった。米国務省の東アジア太平洋担当国務次官補キャンベルと齋木昭隆外務省アジア大洋州局長の会談記録がウイキリークスによって暴露され、その中で齋木が拉致被害者は死んでいると述べたということが報じられたのである。その会談は二〇〇九年九月二一日付けの会談で、暴露されたのは、二〇一一年五月、田原裁判の最中のことであった。リークされたのは以下のような発言である。

局長は、北朝鮮は、安否不明の拉致被害者の何人かは殺していると信じていると言い、横田めぐみの運命は最大の問題だ、彼女はなお比較的若く（四〇代）、世論は彼女のケースに対してもっとも同情的だからであると説明した。彼は拉致被害者の何人かはなお生きていると信じていた。齋木は新しい拉致担当大臣中井洽は強硬派（ハードライナー）だと心配していた。齋木は、最後に、日本は北朝鮮と一緒に話し合い、拉致問題をどのように進展させるかを決めることを必要としている、新しい日本政府は自民党政府と同じようにこの問題に対して注意をむけるだろうと述べた。(10)

この件が報じられると、救う会は衝撃をうけ、いきり立った。インド大使になっていた齋木は飛び上がって、発言を全否定した。国会で答弁をもとめられた民主党政府の松本剛《たけ》明《あき》外相もその言葉を伝えて、否定に躍起となった。しかし、齋木大使の否定は信じられない。ウィキリークスが暴露したキャンベル次官補の非公開電報を信じない理由がないからである。しかし、メディアはこの件に切り込むことはできなかった。齋木氏はのちに外務次官に昇格した。

†日朝交渉再開を求める動き

だが、東北大地震のあと、出直しすべきだという気分が次第に高まる中で、横田滋が北朝鮮との交渉を強力に主張し始めた。すでに二〇一一年二月五日に横浜市で開かれた政府主催の「拉致問題を考える国民大集会in神奈川」で、横田は「麻生政権後は、一度も日朝交渉が実現できていません。……北朝鮮への制裁だけでは解決は難しい。ぜひチャンスを捉えて、もっと交渉を実施して欲しい。そのためにも世論の高まりは大切だと思います。ぜひ皆さん応援してください」と述べた。三・一一以後は横田滋は、いっそう声を強め、五月八日、「救う会」の国民大集会で、田中均は二五回も交渉したと述べ、「どうしてこのように交渉ができないのか」と発言したのである。横田早紀江も五月二六日には、私利私欲のない人による交渉を望むと発言するにいたった。救う会は平沼拉致議連会長の交渉をのぞむと動き出した。

だが、六月一〇日には、政府の拉致対策本部は、北朝鮮が再調査を九月までに実施せねば、制裁強化を考えるという考えを表明した。

六月一五日になると、日朝国交正常化推進議員連盟が再スタートした。福田内閣時代に山崎拓会長のもとで生まれたこの議連はその後活動停止状態にあったが、衆議院副議長衛藤征士郎が会長となって、復活したのである。人事は会長代行も額賀福士郎、副会長に河村健夫、幹事長も中谷元と、自民党がトップに立つというふうに民主党政権の対朝鮮政策に不満をもち、菅内閣が退陣したら、新しい風を吹かせなければならないという考えから生まれた新組織である。しかし、民主党も鉢呂一雄、中川正春、土肥隆一と副会長三人を出し、朝鮮側と会っている城島光力が幹事長代理、川上義博が事務局長をとっており、同じく変化を望んでいる人々が加わっている。再スタートの会合では、出席者は平沢勝重議員をふくめ、制裁しても結果が出なければ意味がない、二国間交渉で正常化をめざすべきだという意見で一致した。救う会では北朝鮮からのアプローチを受けた動きと反発し、警戒しはじめた。

ここまでくると、中井洽拉致大臣も事態を静観しておれなかった。あせった中井は北朝鮮との接触をもとめる行動に出て、人々をおどろかせた。七月に中井大臣は長春《ちょうしゅん》で宋日昊大使と会った。拉致対策本部職員小城徳男と拓殖大学教授真鍋貞樹が随行した。朝日新聞（二〇一二年三月一六日）の記事によれば、拉致問題の解決をもとめた中井に対して、宋日昊は、日本人妻、遺骨収集、よど号事件関係者の帰国に限って協議を求めたとのことである。

二〇一一年八月、城島光力が三度目の北京で李先生との協議にのぞみ、遺族の墓参問題を協議した。李はこの問題は十分に話し合える問題だと答えた。(11)

†野田内閣時代の模索

二〇一一年九月二日、ついに菅内閣に代わって、野田佳彦新内閣が発足した。外相は玄葉光一郎、拉致大臣は山岡賢次と交代した。新内閣の閣僚では、中川正春文科相、鉢呂吉雄《はちろよしお》経産相はともに六月に再スタートした日朝国交正常化推進議員連盟の副会長であり、平岡秀夫法相も日朝国交正常化が必要だと主張してきた党内のグループの有力メンバーであった。官房長官は藤村修となったが、官房副長官に斎藤勁《つよし》が就任したことは注目された。政策転換の時がきたとみることができる。政策調査会長には前原誠司、幹事長代理には城島光力と、日韓、日朝の改善に積極的な人物が就任した。

九月四日、救う会集会で山岡大臣があいさつしたが、無気力な演説で、批判が出た。それで野田首相は九月六日に松原仁を拉致副大臣に任命した。しかし、松原は自民党から批判を受け、辞任することになった。九月一一日野田首相は家族会と会った。面会後、首相は九月中にもう一度家族会に会うと述べ、訪朝する決意を表明した。その後、首相は国連演説でも、韓国訪問時にも、拉致問題の解決への積極的な意思を表明した。

日朝国交促進国民協会はこの秋に日朝国交正常化に向かって、あらたな前進をはかるべきだと主張した。九月三日日朝平壌宣言九周年記念シンポジウムで和田春樹は「日朝平壌宣言と日本の課題」という報告をおこない、菅首相が朝鮮高校への無償化措置の適用を進めるように指示を出したが、実現せずに政権をなげだした、「新内閣はこれをやり遂げて、政策転換のシグナルとすべきである」と指摘した。「これ以上救う会や拉致議連の圧力に動かされてはならない」とし、「拉致問題対策本部を縮小ないし廃止して、北朝鮮との外交交渉を本来の外務省にゆだねなければならない」、「国交正常化は無条件でおこなうという考えを採用すべきである」などと主張した。

さらに一〇月三一日には、和田は秘密交渉により日朝間の交渉をおこない、正式交渉を外務省にひきつぎ、再調査の結果にかかわらず、日中国交樹立の方式により国交を樹立するとの案を起草している。一一月には、協会の声明「改めて日朝国交正常化を求める——

二〇一一年冬（案）」を起草し、協会内で協議をすすめている。しかし、この声明は出なかった。一一月二一日には、和田は全国連絡会の総会で講演し、「日朝交渉が開始されれば、拉致問題再調査、横田夫妻訪朝、制裁一部解除をとりきめて進める」ことを主張した。

この状況の中で、ついに救う会、家族会も新しい運動方針を打ち出さざるをえなくなった。一〇月九日救う会・家族会の合同会議で、全被害者の救出方法として二つの方法をとるとして、その第一に「交渉による救出」をあげたのである。「全被害者が帰らない限り、制裁を強め支援はしない」という姿勢を堅持し、「制裁と国際連携の圧力などにより北朝鮮がわが国との交渉に出てこざるを得なくなる状況を作り」、「主体的交渉をおこなう」とした。[12] 中身は何も変わっていないが、とにかく交渉をすることを語らなければならなくなったのである。

このとき、田原総一朗に対する民事訴訟裁判が二〇一一年一一月四日、結審し、田原が敗訴した。神戸地裁は、田原の発言に合理的な根拠があったとはみとめられないとして、一〇〇〇万円の慰謝料支払いを命じた。田原は控訴の意思をしめしたが、のち取り下げ、判決が確定した。田原総一朗は有本恵子の両親に一〇〇〇万円を支払った。

†金正日の死

しかし、ここで驚くべき事件がおこった。二〇一一年一二月一七日、金正日国防委員長の死が発表された。後継者は若い金正恩《キムジョンウン》である。北朝鮮はどうなるのか、皆が不安をもって見守った。その中で家族会会長横田滋の主張はますます強くなった。横田滋は一二月にNHKのニュースに出て、東北大震災のさいの北朝鮮の義捐金に感謝をあらわし、交渉を再開し、問題の解決をはかり、日朝国交正常化も実現することが必要だと述べるにいたった。民主党政権が再開した交渉を人工衛星打ち上げを理由にストップしたとき、家族会はみなが交渉の継続を願った。三度目の核実験のさいの家族会の反応は特徴的だった。この人々は一様にこれで交渉がまったく不可能になると心配し、核と拉致は別だ、拉致問題のために交渉してほしいとはじめて公然と述べたのである。

二〇一二年一月になっても、元拉致担当大臣中井は瀋陽に出かけて、宋日昊大使と接触している。真鍋貞樹拓殖大教授が同行した。一〇日に帰国した中井は、「話すことは何もない」と語った。その直後、一月一三日の野田内閣の第一次改造があり、松原仁が国家公安委員長、拉致対策大臣に任命された。中井大臣、平岡法相、中川文科相は退任した。三月一七日〜一八日に真鍋教授が北朝鮮側と接触をしている。これは松原新大臣の意をうけてのことであろう。

一月二四日、野田首相は施政方針演説の中で、次のように述べた。「拉致問題は、我が国の主権に関する重大な問題であり、基本的人権の侵害という普遍的な問題です。被害者全員の一刻も早い帰国を実現するため、政府一丸となって取り組みます。日朝関係については引き続き日朝平壌宣言にのっとって、核、ミサイルを含めた諸懸案を包括的に解決し、不幸な過去を清算して、国交正常化を図るべく努力していきます」。

ここでレインボーブリッヂの小坂浩彰が北朝鮮側と連絡をとり、清津会の北朝鮮墓参を実現するために動き出した。(13) 二〇一二年二月三日清津会の正木貞雄事務局長らが、外務省に墓参のための訪朝を願い出た。外務省は積極的に対応した。日朝国交促進国民協会も動き出した。事務局長の和田春樹は、六月一八日には、札幌で「東北アジアの平和安定と朝鮮半島――日朝関係百年を踏まえた日本の責任」と題する講演をおこない、「とられなければならない方策」として、次の諸点を提案した。「1人道問題墓参、遺骨、日本人妻帰国で外務省の交渉開始。2拉致問題での交渉へ移行（政府の決意表明、再調査と横田夫妻の訪朝をセットにする）。3拉致問題交渉と国交正常化交渉を平行してすすめる。4日中共同声明方式での国交正常化、国交正常化後に経済協力協定調印へ。5スタートのための条件は慰安婦問題での韓国政府との交渉進展」。

夏になって、料理人藤本健二が訪朝し、七月二二日から八月はじめ、金正恩と面会した。金正恩が初めて会った日本人藤本を抱擁した写真が新しい印象をつくり出した。その直後の七月三一日には国会内で清津会最初の会合がひらかれた。そこに横田滋が出席し、墓参訪朝を支持する発言をした。八月九日〜一〇日、遺骨、墓参に関する日朝赤十字協議がおこなわれた。八月二六日から九月六日まで遺族・調査団が訪朝した。

†外務省は正式政府間交渉へ

外務省が交渉再開へ動き出した。課長級予備協議が二〇一二年八月二九日〜三一日北京で開催された。日本側の代表は小野啓一北東アジア課長であり、北朝鮮側は劉成日《ユンソンイル》外務省四局課長が出席した。日朝政府間協議（局長級会談）をできるかぎり早く北京で開催し、日朝双方が関心を有する事項を議題として幅広く協議することで合意した[14]。小野は二〇一〇年から北東アジア課長をつとめ、日韓、日朝の交渉に意欲をもっていた。外務省では齋木昭隆が二〇一一年一月にインド大使に赴任したあと、アジア大洋州局長は杉山晋輔となっていた。二〇〇二年に田中均局長を助けた北東アジア課長の平松賢司が二〇一二年から総合外交政策局長になっていた。杉山、平松らが日朝交渉を推進したものと思われる。

このような状況で西岡力ら日朝交渉反対勢力には対抗するすべはなかった。西岡は産経新聞九月一八日に「『全員帰還』を日朝協議の条件に」なるコラムを発表した。北が被害者全員を帰さないのは、「金正日政権がどうしても隠したい秘密を拉致被害者たちが知っているからだ」と嘘をのべ、はじまった政府間協議を誹謗した。北遺族会の墓参訪朝についても清津会会長が拉致には一切言及せず、国交正常化を求める挨拶をしたと非難し、清津会ではよど号ハイジャック犯の娘が事務局員として働いていると誹謗した。無力な主張であった。

翌月一〇月九日、北朝鮮地域に残された日本人遺骨の収容と墓参を求める遺族の連絡会（北遺族連絡会）が結成された。代表幹事には、清津会の正木貞雄が、事務局長には小坂の知人で経済人の太西るみ子が就任した。そして一〇月二二日、北遺族連絡会の墓参団の第一回訪朝がおこなわれた。第二回の墓参訪朝は一一月二六日におこなわれた。

ここで野田内閣の第三次改造で、二〇一二年一〇月城島光力が財務大臣となった。この直後、朝鮮総連の働きかけで、野田首相の密使として民主党事務局長が訪朝している。一行は一〇月三〇日から一一月二日まで平壌に滞在した。話題の中心は総連会館の競売問題であった。密使は日本政府が競売回避に動くと約束して、拉致問題についての踏みこんだ回答を朝鮮政府にもとめたようである。(15) もちろん首相が日朝交渉に意欲を示してきたことは北朝鮮側を喜ばせたに違いない。しかし、すでにレールはひかれていたのである。

正式の政府間協議がついに二〇一二年一一月一五日〜一六日ウランバートルで開催された。日本側は杉山晋輔アジア大洋州局長、北朝鮮側は宋日昊大使であった。一一時間半にわたった協議について、公文では、「双方が関心を有する諸懸案について、日朝平壌宣言に則って日朝関係の前進を図るべく、幅広い意見交換を真剣な雰囲気の下で行った」。と伝えている。日本側は、「日本人遺骨、残留日本人、いわゆる日本人配偶者、「よど号」事件をはじめとする日本人にかかる諸問題を提起し、北朝鮮側はこれらの問題につき協力していくこととした」。さらに「拉致問題については、突っ込んだ意見交換を行い、これまでの経緯やそれぞれの考え方についての議論を踏まえた上で、さらなる検討のため今後も協議を継続していくことで一致した。また、その他の拉致の疑いが排除されない方々の件についても日本側から提起し、議論を行った」という。他方で、「北朝鮮側は、過去に起因する問題について提起し、日本側は日朝平壌宣言に則って解決を図る意思を表明し、今後双方の間で誠実に協議を行っていくことで一致した」。また安全保障にかかる問題についても、議論を深めることで一致した[16]。

これは二〇〇四年の断絶以来、画期的な前向きの、意味ある協議であった。両者は「できるだけ早期に次回協議を行うことで一致」した。

だが、この直後に野田政権は解散に追い込まれ、一二月一六日の総選挙で再生安倍自民党に惨敗して、下野してしまうのである。

註

（1）日朝国交交渉検証会議聞き取り、小坂浩彰、二〇二二年五月一五日。
（2）和田春樹と木宮正史が二〇〇八年一〇月の訪朝のさい朝鮮外務省研究員李炳徳氏から聞いた。
（3）青木理『ルポ 拉致と人々――救う会・公安警察・朝鮮総聯』岩波書店、二〇一一年、八〇～八三頁。
（4）毎日新聞、二〇〇九年九月二三日。
（5）朝日新聞、二〇一〇年二月二三日夕刊。
（6）毎日新聞、二〇〇九年一二月八日夕刊。
（7）この運動については、和田春樹・内海愛子・金泳鎬・李泰鎮『日韓歴史問題をどう解くか――次の100年のために』岩波書店、二〇一三年が出版された。
（8）日朝国交交渉検証会議聞き取り、城島光力、二〇二二年五月一五日。
（9）産経新聞、二〇一一年六月七日。
（10）https://wikileaks.ch/cable/2009/09/09TOKYO2197.html. もとのウィキリークスの発表では伏せ字になった部分があった。ニューヨーク・タイムズ電子版、二〇一一年五月三日に全文公開された。それを読売新聞、五月五日が報道した。
（11）日朝国交交渉検証会議聞き取り、城島光力、二〇二二年五月一五日。
（12）救う会全国協議会ニュース、二〇一一年一〇月九日。
（13）日朝国交交渉検証会議聞き取り、小坂浩彰、二〇二二年五月一五日。
（14）「日朝政府間協議課長級予備協議（概要）」二〇一二年八月三一日、外務省ホームページ、日朝交渉。
（15）産経新聞、速報ニュース、二〇一三年五月一九日、一五時一四分。
（16）「日朝政府間協議（概要）」二〇一二年一一月一六日、外務省ホームページ、日朝交渉。

第八章

安倍第二次政権の誕生　二〇一二〜二〇一五

†安倍氏が二度目に総理となる

安倍晋三は五年間雌伏《しふく》していた。自分が政権を投げ出した二年あとには、自民党も野党に転落していたからである。民主党政権が力を失っていく二〇一二年九月に、政権復帰をねらう自民党の総裁選に立候補したとき、安倍は多くの準備をつみ、戦略を練っていたであろう。だが、そのとき、安倍がもっとも強く訴えたのは、慰安婦問題での日本国家の名誉回復だった。

九月一二日、総裁選への立候補を表明した記者会見で、安倍晋三は、河野談話に代わる「新たな談話を出す必要がある」と抑えきれない気持ちを語り、三日後の立候補者五人の立ち会い討論会で、さらに述べた。「河野談話によって、強制的に軍が家に入り込み、女性を人さらいのように連れて行って慰安婦にした、という不名誉を日本は背負っている、安倍政権のときに「強制性はなかった」という閣議決定をしたが、多くの人たちは知らない。河野談話を修正したことを、もう一度確定する必要がある。孫の代までこの不名誉を背負わせるわけにはいかない」。他の候補者は誰一人こんなことは言わなかった。

安倍晋三は九月二六日の総裁選に勝利し、一二月一六日の総選挙に勝って、一二月二六日には首相となった。安倍第二次内閣には、一九九六年の「日本の前途と歴史教育を考える若手議員の会」の同志四人が入閣した。菅義偉《すがよしひで》官房長官、下村博文文科相、新藤義孝総務相、古屋圭司拉致問題担当相の四人である。

新内閣が誕生すると、当然ながら救う会、家族会が首相官邸を訪問する。一二月二八日、安倍首相は、飯塚繁雄代表ら、家族会幹部と会った。救う会会長西岡力がつきそっていた。古屋拉致担当大臣、菅官房長官、岸田文雄外相、西村康稔内閣府副大臣らを同席させたのは家族会重視の姿勢を見せたのである。この席で安倍は次のように挨拶した。

五年前に突然辞したとき、被害者家族の皆さんに大変残念な思いをさせた。私にとってもつらいことだった。私がもう一度総理になれたのは、なんとか拉致問題を解決したいという使命感によるものだ。五人帰還の時、帰ってこられなかった被害者の家族の皆さんは涙を流していた。それを見て全員取り戻すことが私の使命と決意した。しかし、一〇年経ってもそれは達成されておらず申し訳ない。再び総理を拝命し、必ず安倍内閣で完全解決の決意で進んでいきたい。この内閣で必ず解決する決意で拉致問題に取り組む。

これが本当の気持ちであったのか、家族会に会ったら、言わなければならないことを誇張して言ってしまったのか、決めかねるところだ。もとより、飯塚代表は喜んで、念をおした。「「やらんかな」の意識をもってくださることに心から感謝したい。非常に期待がふくらんでいる。「もう待てない」というのが私たちの共通の立場だ。来年の早いうちに道筋が見え、結果を見たい。……他の問題もたくさんあるが、拉致問題を必ず念頭に置いてとお願いしたい(1)」。

この日、下村文科相は、朝鮮高校には無償化措置を実施しない、と早々と表明した。

二日後の一二月三〇日、安倍首相は産経新聞とのインタビューに応じて、本音を述べた。村山談話、河野談話を見直す考えをストレートに表明して、拉致問題については触れなかった。「私は二一世紀にふさわしい未来志向の安倍内閣としての談話を発出したいと考えている。どういう内容にしていくか、どういう時期を選んで出すべきかも含め、有識者に集まってもらい議論してもらいたい」。「河野洋平官房長官談話は官房長官談話であり、閣議決定していない談話だ。一九年（二〇〇七年）三月には前回の安倍政権が慰安婦問題について「政府が発見した資料の中には軍や官憲によるいわゆる強制連行を直接示すような記述は見当たらなかった」との答弁書を閣議決定している。この内容も加味して内閣の方針は官房長官が外に対して示していくことになる[2]」。

この発言はロイター電で世界にながれ、たちまちアメリカからの強い批判を呼び起こした。ニューヨーク・タイムズ二〇一三年一月三日の社説「日本の歴史を否定する新たな試み」は安倍首相を厳しく非難した。「日本の自民党の指導者ミスター安倍が謝罪談話をどのように修正するのかは明らかではない。しかし、彼は自国の戦争中の歴史を書き換える願望をこれまで隠してこなかった。犯罪を否定し、謝罪談話を薄めるいかなる企ても、日本の野蛮な戦時支配下に苦しんだ中国とフィリピン同様、韓国を怒らせるだろう。ミスター安倍の恥ずべき衝動は北朝鮮核兵器プログラムのような問題での地域の死活的協力に脅威を与えかねない」。この間髪をいれない米国からの批判が安倍をひるませた。

†拉致対策本部の改組

一月二五日、古屋拉致大臣は安倍の指示を受けて、拉致対策本部の改組をおこなった。民主党中井大臣のやった改組を撤回し、全閣僚参加の原型にもどしたのである。この日は対策本部の第一回会合が開かれ、「拉致問題の解決に向けた方針と具体的施策」が採択された。まず、方針としては、安倍三原則をほぼそのまま再確認した。第一原則は、拉致問題は「我が国の主権及び国民の生命と安全に関わる重大な問題であり、国の責任において解決すべき喫緊の重要課題である」と表現された。「最重要」を「重要」に変更したのであるが、もはや内容の上の変化はない。第二原則は、まったく変更がない。第三原則は、「拉致被害者の認定の有無にかかわらず、全ての拉致被害者の安全確保及び即時帰国のために全力を尽くす」として、特定失踪者を含めて、即時帰国を要求する人の数を拡大する考えに補強、発展させられている。

要求項目としては、拉致に関する真相究明と実行犯引渡し提示が追加された。八項目の具体的施策はほとんど変更はない。平成二五（二〇一三）年度予算も前年度当初予算と同じ一二億四〇〇〇万円が計上された。

一月二八日、国会が開会され、安倍首相は所信表明演説をおこなった。外交安保の項では日米同盟の強化、地球儀俯瞰外交、アセアン諸国との関係強化、離島防衛、テロ警戒、危機管理をのべたあと、最後に拉致問題を取り上げた。

そして何よりも、拉致問題の解決です。全ての拉致被害者のご家族がご自身の手で肉親を抱きしめる日が訪れるまで、私の使命は終わりません。北朝鮮に「対話と圧力」の方針を貫き、全ての拉致被害者の安全確保及び即時帰国、拉致に関する真相究明、拉致実行犯の引渡しの三点に向けて、全力を尽くします。

この実現できない課題の解決のためには第一次内閣当時の手を打つしかない。一月二九日には各党代表の会合を開き、政府・与野党拉致問題対策機関連絡協議会の設置が決められた。集まったのは、平沼赳夫、松原仁、山谷えり子、渡辺周《しゅう》、中山恭子といった常連ばかりであった。この人々は四月の第二回会合で拉致被害者救出に自衛隊を活用するために自衛隊法を改正する件で意見交換をした。

同じ四月には、拉致問題に関する有識者との懇談会が設置された。西岡力、荒木和博の他、過労死問題の弁護士だが、拉致問題に熱心になって、『世界週報』への寄稿で姜尚中《カンサンジュン》、和田春樹らを攻撃した川人博[3]もよばれたのが新しい点だったが、それで新しい考えが出てくるはずはなかった。やれるのはアメリカに行って、拉致問題を宣伝することだけだった。五月にワシントンとニューヨークでおこなわれた拉致問題啓発イベントには家族会の人々と西岡力らが参加した。

†外務省の交渉努力に乗る

安倍首相は最初の政権時代には佐藤勝巳理論にしたがって、安倍三原則を押し立て、日朝交渉をブロックし、北朝鮮を締め上げて、崩壊させようと考えた。しかし、自分の政権の方が崩壊して、文字通り野に下った五年間を経て考えてみれば、金正日政権は簡単につぶせるようなものではないということが明らかになった。家族会のかわらぬ期待に沿おうと、拉致問題解決のためにふたたび総理の職にもどってきたと大見えを切った手前、なんとか金正日政権に向き合って、交渉をしなければならない。安倍首相はそういう気持ちになっていったと考えられる。

二〇一三年二月には北朝鮮は第三回核実験をやったが、そんなことは気にしておれない。朝鮮総連のルートで、五月一四日〜一八日には内閣官房参与の飯島勲を北朝鮮に送った。そこでどういう話があったかはわからないが、北朝鮮が簡単に話にのるような反応を示さなかったのはたしかだろう。何もできない安倍首相は、これから年末にかけて、外務省の対話路線に乗る方向へ進んで行ったと考えられる。

外務省の杉山晋輔局長と小野啓一課長が進めた交渉は安倍政権の誕生後にストップしていた。だが二〇一三年六月に杉山は外務省審議官に上がり、アジア大洋州局長には北米局長であった伊原純一が任命された。杉山と伊原は小野課長を留任させ、民主党政権時代に進んだ北朝鮮交渉を継続することを望んだ。この外務省の動きに安倍首相は乗らざるをえなかった。

二〇一四年一月二五日〜二六日、伊原局長、小野課長はハノイで日朝秘密交渉をおこなったと報道された。二月には二人は香港で北朝鮮側と接触し、三月三日には瀋陽で小野課長が参加して日朝赤十字の会談がおこなわれた(4)。

このような接触、交渉がもたらした最初の成果は三月一〇日〜一四日にウランバートルで横田夫妻がめぐみさんの娘ウンギョン一家と会ったことだった。横田夫妻の訪朝はながく検討された課題であったが、この時、ウランバートルでの会合に切り替えて実現された。そこにはウンギョンさんの夫、一歳になった娘、横田夫妻にとっては曾孫もやってきた。これは幸福な出会いであったようだ。だが、日本に帰って、横田夫人はこう語った。「こんなに娘によく似た、血を分けた子が目の前にいるのに、なぜここにめぐみがいないの……って。複雑な思いでした。」「めぐみのことを聞いても、向こうの立場もあるから。だったらお互いあからさまなことを言って嫌な思いはしない方がいい。」「孫にだって会える日が来た。祈っていれば、きっと不思議な日が又来る。これは我が子を救うための闘いなのです。」横田夫人の姿勢はウンギョン一家に会っても、変わらなかった。朝日新聞は

「何の罪もなく奪われた／妥協は許されない」と大見出しをつけた。[5]

この出会いは、外務省が始める交渉のための雰囲気づくりとして用意されたものであった。ほぼ二週間後、三月三〇日から三一日にかけて北京で伊原局長と宋日昊大使が正式に第二回政府間協議をおこなった。二〇一二年一一月に杉山局長がおこなった日朝政府間協議をうけつぐものと説明された。外務省の発表では、「日本側は、日本人遺骨、残留日本人、いわゆる日本人配偶者、「よど号」事件をはじめとする日本人にかかる諸問題をこれまでの協議に引き続き提起し」、協議をおこなったのである。[6]

四月五日〜六日には瀋陽で非公式課長会談がおこなわれた。そして、五月二六日からストックホルムで第三回政府間協議、局長級会談がはじまった。伊原局長と小野課長は宋日昊大使と協議をおこない、ついに二八日、合意にいたり、ストックホルム合意書に署名したのである。この合意は翌五月二九日に発表された。これは日朝平壌宣言の調印につづく画期的な合意であった。[7]

†ストックホルム合意

合意書の冒頭に基本的な精神が記されている。「双方は、日朝平壌宣言に則って、不幸な過去を清算し、懸案事項を解決し、国交正常化を実現するために、真摯に協議を行った」。日朝両国はふたたび国交正常化という目標をめざして前進することが宣言されたのである。

「日本側は、北朝鮮側に対し、一九四五年前後に北朝鮮域内で死亡した日本人の遺骨及び墓地、残留日本人、いわゆる日本人配偶者、拉致被害者及び行方不明者を含む全ての日本人に関する調査を要請した。北朝鮮側は、過去北朝鮮側が拉致問題に関して傾けてきた努力を日本側が認めたことを評価し、従来の立場はあるものの、全ての日本人に関する調査を包括的かつ全面的に実施し、最終的に、日本人に関する全ての問題を解決する意思を表明した。日本側は、これに応じ、最終的に、現在日本が独自に取っている北朝鮮に対する措置（国連安保理決議に関連して取っている措置は含まれない）を解除する意思を表明した」

具体的には、双方は次のような措置をとることを定めた。日本側は、①「国交正常化を実現する意思を改めて明らかにし」、信頼醸成、関係改善のため誠実に臨むこと、②北朝鮮側が調査委員会を立ち上げた時点で、人的往来規制措置、送金報告および携帯輸出届出の金額に関しての特別規制措置、人道目的の北船舶の日本入港禁止措置を解除すること、③日本人遺骨問題について、遺族の墓参の実現に協力してくれたことを高く評価し、遺骨、墓地の処理、墓参について引き続き協議、必要な措置を講じること、④北朝鮮側が提起した朝鮮人行方不明者について調査し、適切な措置をとること、⑤在日朝鮮人の地位について平壌宣言に則って、誠実に協議すること、⑥調査過程で提起される問題については北朝鮮側の提起に対し、適切な措置をとること、⑦適切な時期に人道支援を行うことを約束した。

朝鮮側は、①一九四五年前後に死亡した日本人の遺骨および墓地、残留日本人、日本人妻、拉致被害者、行方不明者を全面調査すること、②すべての分野で調査を同時並行的に進めること、③特別の権限が付与された特別調査委員会を立ち上げること、④すべての分野で調査及び確認の状況を日本側に随時通報し、適切に協議すること、⑤「拉致問題については調査の状況を随時通報し、……生存者が発見される場合には、日本側に伝え、帰国させる方向で協議、必要な措置をとる」こと、⑥調査過程で、日本側の要望にこたえるため、日本人の北朝鮮滞在、関係者との面談、関係場所の訪問を可能にすること、⑦調査は迅速に進め、調査過程で提起される問題は協議し、適切な措置を講ずること、を約束した。

これはかなり行き届いた合意であり、これをまとめあげた伊原局長、小野課長の努力はみごとなものであった。

†ストックホルム合意に対する評価と反応

七月一日には北京で日朝政府間協議があり、七月四日、朝鮮側は、特別調査委員会設置を発表した。日本はこの日、合意通り、制裁の一部を解除した。医薬品輸送などに限り北船舶の入港禁止を解除し、人的往来制限を撤廃し、持ち出し一〇万円以上、送金三〇〇万円以上の報告義務を撤廃したのである。政府は、家族会、救う会、拉致議連にストックホルム合意を説明した。古屋拉致大臣は安倍が「これはチャレンジだ」というので、この合意を家族会に説明したと語っている[8]。

七月一〇日には、日本経済新聞が「北朝鮮側が生存者三〇人のリストを提示した」と報道した。政府はこれに抗議した。日経の報道の真意はわからないが、日朝合意への期待の高まりを反映したうごきであったことは間違いない。

だが、九月一九日になると、安倍首相が、「最初の報告の期限がきた。確実な回答がほしい」と言い出した。家族会は、北朝鮮側はまったく不誠実だと批判しはじめた。このころ、許宗萬《ホジヨンマン》朝鮮総連議長が訪朝したが、これが制裁一部解除の唯一の成果となった。北遺族連絡会では、水野直樹、和田春樹の協力を得て、日本人埋葬地、墓地、遺骨調査に協力してくれている朝鮮社会科学院歴史研究所の曺喜《チヨヒ》勝《スン》所長を日本に招いて、東京、京都、福岡で学術シンポジウムを一一月二七日〜三〇日に開催するという企画をたて、法務省に入国ビザを出すように申請した。

一〇月六日〜一六日には、和田春樹が団長となって、小此木政夫、西野純也、美根慶樹、平井久志、布袋敏博ら、日朝交流学術代表団が訪朝した。元山まで行き、馬息嶺《マシンリョン》スキー場も見学した。宋日昊大使とも会った。帰国後、和田と小此木は訪朝の印象を伊原局長と小野課長に伝えた。日本政府代表団は一〇日後に訪朝するところであった。ストックホルム合意の実現へ期待が強まった。

伊原局長を団長とする日本政府代表団は一〇月二八日と二九日に平壌に滞在して、一〇時間におよぶ交渉をおこなった。日本側は拉致問題が優先事項だと強調したと説明された。北朝鮮側は遺骨調査はほぼ完了したと、詳しく報告がされたようである。

†日朝関係の悪化と合意の解消

だが、こののち日朝間の関係は冷えていった。北遺族連絡会が企画した学術シンポジウムは取り消しとなった。人的往来の規制措置は解除されたはずだったのに、曺所長にはついに入国ビザがあたえられなかったからである。

年があけて、二〇一五年には、二月二八日から三月一日にかけて、大連で秘密交渉がおこなわれ、拉致問題の調査について討議されたと朝日新聞が報じた。(9)総連の建物の運命が関係者には心配の種であったが、それは、競売で落札したマルナカという会社が山形の不動産会社に転売し、その会社が総連に貸し出すということになり、落着した。その直後の三月二六日、総連議長の次男が禁止されている朝鮮産マツタケの輸入にかかわったという容疑をかけられ、逮捕されるとともに、総連議長宅、副議長宅が家宅捜索をうけるということがおこった。三月三〇日、日本政府は継続している制裁の期間延長を決定した。四月二日北朝鮮政府は「日本の重大な政治的挑発と国家主権侵害行為が度を越している」として「このような状態では、……政府間対話もできなくなっている」との「通知文」を日本政府におくった。日朝関係はまたもや決裂状態にもどったのである。

六月になると、東京新聞が、春におこなわれた非公式協議で北朝鮮側が遺骨問題や日本人妻の問題について報告書を示したが、拉致問題については「調査中」とされていたので日本側は受け取りを拒否したのだという話を報じた（六月一七日）。正確なところはわからない。六月二五日には自民党の拉致対策本部は制裁の強化を要請していた。

七月三日、ついに安倍首相は在朝日本人についての調査報告を北朝鮮は延期すると日本側に連絡してきたと衆議院平和安全法制特別委員会で述べた。これが、ストックホルム合意の解消の確認であったようだ。安倍首相は北朝鮮との交渉に努力をしたが、わるいのはあいかわらず全員死亡の報告を出す相手側だと弁解することができるようにしたのである。

七月二七日ストックホルム合意を支えてきた日朝間の実務的な協力事業、墓参訪朝を推進した北遺族連絡会が解散声明を出して、事業を終えた。こんどは清津会とは別の遺族団体、平壌龍山会が代表団を八月に訪朝させるということが明らかになった。

八月一五日は北朝鮮で解放七〇周年の祝賀行事が開催された。日本から日森文尋《ひもりふみひろ》氏を団長とする日朝関係団体統一代表団が訪朝した。この人々が一七日に宋日昊と会うと、宋大使は、伊原局長との交渉がおわったことをほのめかし、交渉すべき相手を失ったと語った。宋大使の不満の弁はその後もくりかえして語られた。ついには宋日昊は日本側が朝鮮側の報告書の受け取りを拒否したと語るにいたるのである。北朝鮮が出した報告書にはやはり調査したが、八人死亡、二人入境せずという結論がしるされていたのだろう。伊原局長はそのような報告書は受け取るなと命令されていたのであろう。

思えば、ストックホルム合意は立派な合意であった。しかし、それを結ぶのを認めた時点で、安倍首相は安倍三原則を捨てるべきだったのだ。そうしなかったので、すべての拉致被害者は生きているという第三原則に抵触する北調査委員会の報告を受け取れなかったのではなかろうか。安倍三原則は日朝交渉を破壊するものであることがあらためて証明されたと言わざるをえない。

二〇一五年の晩秋のある日、朝日新聞主筆であった若宮啓文が石橋湛山賞を受賞したお祝いの会で和田春樹は伊原局長と会った。伊原氏はジュネーヴ国際機関日本政府代表部大使任命の辞令を受け取った直後であった。伊原氏はいらだっているように感じられた。一一月一九日、伊原前局長はジュネーヴに去った。

註

(1)救う会全国協議会ニュース、二〇一二年一二月二八日。
(2)産経新聞、二〇一二年一二月三一日。
(3)川人博「漂流・拉致問題と知識人の責任」『世界週報』二〇〇三年三月一一日号。和田の反論は、同誌、四月二九日号に載った。のち和田春樹『同時代批評——日朝関係と拉致問題』彩流社、二〇〇五年に収録。
(4)朝日新聞、二〇一四年一月二八日、二月二八日。
(5)同右、二〇一四年八月三一日。
(6)「第二回日朝政府間協議(概要)」二〇一四年三月三一日、外務省ホームページ、日朝交渉。
(7)「日朝政府間協議(概要)」二〇一四年五月三〇日、外務省ホームページ、日朝交渉。
(8)朝日新聞、二〇二一年八月一一日。
(9)同右、二〇一五年四月一日。

終章　米朝対立の深刻化とその後　二〇一六〜二〇二二

†北朝鮮の核実験とミサイル試射

二〇一六年一月六日、北朝鮮は第四回核実験をおこなった。これは水爆実験だと発表された。二月七日には人工衛星ロケット「光明星四号」が発射された。日本政府は二月一〇日、部分解除していた独自制裁を全面的に復活し、在日外国人核・ミサイル技術者の再入国禁止や北に寄港した第三国船舶の入港禁止などの新規制裁を決定した。これに対して、朝鮮中央通信は、二月一二日、日本がストックホルム合意の破棄を宣言したので、調査を中止し、特別調査委員会を解体するとの委員会の声明を伝えた。

いまや日朝関係は完全な断絶状態にもどった。そして米朝対立は激化の一途をたどることになった。北朝鮮は核実験をくりかえし、ミサイル試射のテンポがみるみるうちに上がっていき、米国と国連安保理事会がうちだす制裁がつぎつぎに攻撃的になっていったのである。二〇一六年九月九日、北朝鮮は第五回の核実験をおこなった。年が変わって、二〇一七年二月には、中距離ミサイルが一発発射された。三月六日には、北朝鮮は中距離ミサイル四発を発射し、秋田沖三〇〇キロの日本の排他的経済水域内に三発を落下させた。翌七日、朝鮮中央通信は、このたびの発射は「不測の事態が起きた場合、日本に駐留する米国帝国主義者の敵軍部隊の基地を攻撃する任務にあたる」砲兵部隊によって実施されたと発表した。[1] 米朝が戦争状態に入れば、北朝鮮は在日米軍基地をミサイル攻撃すると明言したのである。

七〇年前の朝鮮戦争のときは米軍のB29が横田、嘉手納から連日飛び立って、北朝鮮とその軍隊を空襲した。そのときは北朝鮮にはミサイルはなかった。今はまったく違う状況である。北朝鮮は各種のミサイルを実戦配備している。核弾頭搭載のミサイルもあるだろう。米朝が戦争状態になれば、日本はただちに戦場になり、核弾頭のミサイルが日本に着弾するのを防ぐことは不可能だろう。

そもそも北朝鮮政府の側からみれば、核兵器の使用にとって、アメリカは遠すぎ、韓国は近すぎるから、唯一目標になるのは日本の米軍基地だと結論するほかない。日米安保条約があるから大丈夫だ、日本は米国の核の傘に守られているから安心だと考えて、この危機を見て見ないふりすることは許されない。

†日米首脳の国連総会演説から日米会談まで

九月三日北朝鮮は第六回核実験をおこなった。安倍首相はただちにトランプ大統領と電話会談をおこない、北朝鮮の「暴挙」に対して日米「団結して対応」することを確認した。二人は国連総会でつづいて演説した。トランプ大統領は、九月一九日に、米国は「強いられれば、北朝鮮を全的に破滅させる（totally destroy North Korea）以外の選択肢はなくなる」と宣言した。安倍首相は二一日に、北朝鮮に核・ミサイル計画を放棄させるため、日本は「『あらゆるオプションがテーブルの上にある』という米国の姿勢を一貫して支持する」と演説した。日本政府は、米国が戦争の威嚇により北朝鮮を屈服させようとするのを支持し、有事のさいは米国と行動をともにするという決意を表明したのである。

帰国後、安倍首相は、突如「国難突破解散」を断行した。何が国難かを説明せず、そこで日本はどうするということも説明せず、この選挙をおこない、勝利すると、自分の対北政策に国民の白紙委任をとりつけたとしたのである。当然だが、このとき、安倍首相は、ひそかに、自衛隊の制服組のトップに、米軍が北朝鮮に対して軍事作戦をとる場合、「安保法制の下で自衛隊がどう動くか」を検討準備させていたのである。当時の自衛隊統合幕僚長河野克俊は、ダンフォード統合参謀本部議長、ハリス太平洋軍司令官と常時連絡し、

自衛隊の作戦を準備していたと、のちに二〇一九年五月になって明らかにしている。(2)

一一月トランプ大統領はまず日本を訪問し、横田基地に米軍兵士、自衛隊員二〇〇〇人を集め、「圧倒的な能力を行使する用意がある」と宣言した。安倍首相は首脳会談後の記者会見で、「日米が一〇〇パーセントともにあることを力強く確認した」と表明した。トランプ大統領は日本から韓国へ赴き、韓国国会の演壇上から、北朝鮮は「地獄以下」、北の国民は「奴隷よりもわるい」と攻撃し、北政権に核開発政策の全面放棄、屈服を要求した。大統領の帰国後、日本海では米空母三隻が参加した米韓海軍合同演習がおこなわれた。これはありうべき米朝戦争を見通したぎりぎりの威嚇であった。これに対して、北朝鮮は一一月二九日、ICBM火星一五号を発射し、「核戦力完成の大業」を成就したと宣言した。日本海での米朝戦争の危機が最大限に高まった瞬間だった。

このとき、韓国の文在寅《ムンジェイン》大統領はこの戦争の危機に対しては、安倍首相と対照的な態度を示していた。二〇一七年八月一五日の演説では、「朝鮮半島では二度と戦争をおこしてはならない」と主張し、「大韓民国の同意なしにいかなる国も軍事行動をとると決定することはできない」と宣言した。年末の危機の絶頂期には、一一月一三日の国連総会決議「オリンピック休戦」を活用して、北朝鮮に働きかけることを推進した。

†平昌オリンピックの奇跡

　この深刻な危機の中では文在寅大統領のイニシアティヴが効果を発揮した。核戦争の闇をみた金正恩委員長は踏みとどまって、二〇一八年元旦、新年の辞で平昌《ピョンチャン》オリンピック参加を表明したのだ。二月の平昌オリンピックには金与正《キムヨジョン》ら、北朝鮮の代表が参加した。金与正は文在寅《ムンジェイン》大統領に南北首脳会談の提案をもりこんだ兄金正恩の親書を手渡した。三月五日文大統領の特使が訪朝し、金正恩委員長と会談し、南北首脳会談の開催で合意した。さらに大統領特使は金委員長から米朝首脳会談の提案を聞き、ただちに米国に赴き、トランプ大統領にこれを伝えた。三月八日トランプ大統領は金正恩提案を聞き、承諾することを即答した。

　このニュースは世界を驚かせたが、安倍首相には二重の衝撃を与えることになった。文大統領が米朝戦争回避のために米朝首脳の対話を仲介するという大きな働きをしたこと、さらに、トランプ大統領が自分に相談なく、首脳会談をおこなうと即答したこと――この二つが大きな驚きであったであろう。安倍の反射的な反応は、制裁の堅持と拉致問題の提起であった。三月九日朝安倍首相はトランプ大統領と電話会談をおこない、「完全な、検証可能な、不可逆的非核化（ＣＶＩＤ）」に向けて、「最大限の圧力」をかけつづける必要があると述べるとともに、拉致問題の解決にむけての協力を大統領に要請したと言われている。

まさにこの時点で拉致対策本部からか、安倍首相の周辺からか、北朝鮮が拉致被害者の一人田中実氏が平壌に生存していると知らせてきたということが共同通信にリークされ、三月一六日に配信された。その情報は二〇一四年五月のストックホルム合意の前に日本につたえられていたと報道された。数日後には、田中と一緒のラーメン店で働いていた金田龍光も平壌に生きているが、帰国を望んでいないということも報道された。なぜこの時点でこのようなことがリークされたのか、謎である。その後この問題は二〇一九年になって国会で有田芳生《よしふ》議員によってくりかえし質問されたが、安倍首相は一貫して答弁を拒否し続けた。北朝鮮の側もこの点については肯定も否定もしていない。

†南北首脳会談から米朝首脳会談へ

南北首脳会談は、四月に開催され、歴史的な板門店宣言が出された。米朝首脳会談は、六月二四日開催と決定された。四月一六日、安倍首相は訪米し、トランプ大統領に、「最大限の圧力をかけ続ける方針」を強調し、確認をとるとともに、首脳会談で拉致問題を提起することを要請した。さらに首相は六月七日にも、再び訪米し、大統領に、北が非核化に向けた具体的行動をとるまでは制裁は解除しないとの方針を再確認し、首脳会談で拉致問題をとりあげることを三度求めた。今度は、自分も金委員長に会うつもりだ、と言い添えざるをえなかった。

この間の安倍氏のトランプ大統領説得の様子について、首脳会談に反対であったボルトン大統領補佐官の回想に活写されている。ボルトンにとって安倍の牽制はありがたい援助だったのである。

平昌オリンピックからは米朝首脳会談の開催合意までは急速な展開だった。この新展開の中で、安倍首相だけがとりのこされた印象が生まれた。

†米朝首脳シンガポール会談

二〇一八年六月一二日、トランプ大統領と金正恩委員長の首脳会談がシンガポールで開かれた。この米朝首脳会談は平和プロセスを開いたと思われた。両首脳は、全世界の人々の眼前で米朝戦争の回避を誓約した。トランプ大統領は「朝鮮に安全の保証をあたえ」るとし、金正恩委員長は、「朝鮮半島の完全な非核化にむけた堅固で揺るぎない決心を再確認し」、共同声明を発表した。

安倍首相はこの結果についてはその意義を評価するという意見をいくたびか表明したが、

総じてさめた態度をとった。九月一四日自民党総裁選の候補者に聞く記者会見で無遠慮な質問が安倍に向けられた。拉致問題の解決ということについて、「安倍さんがずっと全員奪還、生きて奪還とおっしゃった」ことについて、「本当に確証があったのかどうか」と質問された。安倍は、「死亡したという確証を彼らは出していないわけです。彼らが送ってきた遺骨は実は違った。であるならば政府としては、生きてるということを前提に交渉するのは当たり前じゃありませんか」と答えた。

交渉は進んでいるかと訊かれたのにたいしては、「先般、米朝首脳会談が行われました。そこで拉致問題について私の考え方を金正恩委員長に伝えました」。これは、ただしくは「伝えてもらった」だろう。「次は、私自身が金正恩委員長と向き合い、この問題を解決しなければならないと決意しています」と安倍は述べたので、「進んでるんですか」と突っ込まれた。これに対しては、「今、どういう交渉しているかということはもちろん申し上げられませんし、どういう接触をしてるかということも申し上げることはできませんが、あらゆるチャンスを逃さないという考え方のもとに進めていきたいと思ってます」と逃げた(3)。

実際には、首相は金正恩委員長と会うためにいかなる努力もしている様子がない。

†二〇一九年一月施政方針演説

安倍首相の朝鮮政策の最終版は二〇一九年一月二八日、平成最後の国会での所信表明演説で示された。「平成の、その先の時代に向かって、日本外交の新たな地平を切り拓く」、今こそ「戦後日本外交の総決算」をおこなうと宣言した演説であった。安全保障環境は「激変」した。これまでの延長線上の政策では対応できない。六年間「積極的平和主義」の旗のもとすすめてきた「地球儀俯瞰外交の総仕上げ」をめざしていくと言い切った。隣国関係については、日中関係は正常な軌道に戻したので、新段階へおしあげる、ロシアとは平和条約交渉を加速化するとした上で、北朝鮮に向けては新しい対話の方針を提示したようにみえた。「北朝鮮の核、ミサイル、そして最も重要な拉致問題の解決に向けて、相互不信の殻を破り、次は私自身が金正恩委員長と直接向き合い、あらゆるチャンスを逃すことなく、果断に行動いたします。北朝鮮との不幸な過去を清算し、国交正常化を目指します。そのために米国や韓国をはじめ国際社会と緊密に連携してまいります[4]。」

この安倍演説は、前年末から問題が発生し、憂慮が高まっていた日韓関係について一言も触れなかった。安倍首相は「韓国はもはや相手にせず」と宣言しているのだと感じられた。日中戦争時の近衛文麿首相の発言が思い出された。一九三八年一月、近衛は「爾後国民政府ヲ対手トセズ」と宣言し、日中戦争を突き進めたのである。

北朝鮮に対しては、慇懃《いんぎん》に対話を求めながら、韓国は相手にせずと宣言したのも、あまりの態度の差に驚く人がいるかもしれない。しかし、その点には何の不思議もない。北朝鮮について述べられたことは、実行する気のない空手形、いわゆる「やってる感」をひろめる煙幕にすぎないのである。安倍首相はここで朝鮮敵視、韓国無視を宣言したのである。


だからこそ安倍首相はここで「自由で開かれたインド太平洋」を築き上げるとの安倍外交の目標をうたい上げたのである。

†米朝首脳ハノイ会談

二〇一九年二月二七日〜二八日にトランプ大統領と金正恩委員長はハノイで二度目の首脳会談にのぞんだ。この会談は決裂の会談となった。二人は会談後晩餐もともにせず、別れた。この結果は安倍首相には安堵をあたえた。ハノイ会談の挫折のあとは安倍首相はあてのない日朝首脳会談を望む調子をいっそう高めている。やるつもりもない会談だからいっそうやる気をみせているのである。

二〇一九年五月になると、安倍首相は、「拉致問題の解決には、主体的に取り組む。条件をつけずに金委員長と会い、虚心坦懐《きょしんたんかい》に話し合ってみたい」と産経新聞の記者に述べた。

国民も拉致被害者家族会も期待を高めたが、もとよりこれはこころにもない単なる放言でしかない。これが安倍首相が上り詰めた虚妄の頂であった。

†あとは口先だけの繰り返し

この空文句が後継首相にも引き写され、唱えられる。二〇二〇年秋、安倍首相が持病の悪化を理由に辞任すると、後継首相には官房長官菅義偉が繰り上がった。一〇月二六日の菅首相の所信表明演説は北朝鮮については完全に安倍首相の空虚な言葉を繰り返すものであった。もっとも韓国については少々取りつくろう言葉をつけた。

> 拉致問題は、引き続き、政権の最重要課題です。全ての拉致被害者の一日も早い帰国実現に向け、全力を尽くします。私自身、条件を付けずに金正恩委員長と直接向き合う決意です。日朝平壌宣言に基づき、拉致・核・ミサイルといった諸懸案を包括的に解決し、不幸な過去を清算して、北朝鮮との国交正常化を目指します。……韓国は、極めて重要な隣国です。健全な日韓関係に戻すべく、我が国の一貫した立場に基づいて、適切な対応を強く求めていきます。(5)

そしてこの空虚な言葉に異を唱える者は厳しく罰せられた。二〇二一年九月二三日に発生した立憲民主党議員生方幸夫《うぶかたゆきお》議員の発言事件は象徴的である。同議員はこの日松戸市民会館で国政報告会を開き、次のように発言した。「横田さんが生きているということは誰も思っていないのです」「横田さんが生きていたら帰すのではないですか」。

これを市会議員が動画にとり、ツイッターにアップした。これが救う会の知るところとなり、一〇月一一日、救う会のホームページ上に、飯塚繁雄家族会会長と西岡力救う会会長の連名の抗議文が発表された。「生方議員は人の命に関わる重大な人権問題について、日本政府の基本的立場を否定して、北朝鮮の主張に賛同している。……生方議員のこの発言は、すべての拉致被害者の救出のために心血を注いできた拉致被害者家族とその支援者また被害者自身の生命に対する重大な侮辱であり冒瀆《ぼうとく》だ。強く抗議する」。

この動きを知った生方議員は、昼前には、自身のツイッターを更新し、「不適切な発言をしてしまいました。発言を撤回するとともに……皆様にお詫び申し上げます」と発表した。野党議員たちの反応が早くから出た。日本維新の会の参議院議員音喜多《おときた》駿《しゅん》は自身のツイッターで「吐き気がするほどの最低の発言」と非難した。同じ党の馬場伸幸議員は、「言語道断だ」と怒り、「改めて立憲民主党という政党は、日本には要らない」と暴言を吐いた。立憲民主党の福山哲郎幹事長と森ゆう子拉致対策本部長は緊急声明を発表し、「発言は党の考え方と全く相容れず」、生方氏を厳重注意し、党としてお詫びするとのべた。枝野幸夫代表は「私も大変驚愕し、激怒している」とのべた。夕方、国会終了後、生方議員は森ゆう子立民党拉致対策本部長とともに救う会の事務所を訪れ、西岡力会長に謝罪文を差し出した。共産党志位和夫委員長までが記者会見で「ご家族を何とか取り戻したいと願って活動している方々の心を甚だしく傷つける許しがたい発言だ、強く批判する」とのべた。

翌一二日立憲民主党は次期衆議院選千葉六区の公認候補に内定していた生方議員の公認を見送ったことが報道された。生方氏は無所属で立候補して、落選した。得票は驚くほど少なかった。

菅首相の言葉は次の岸田首相にも引き継がれた。総裁任期満了した菅義偉は二〇二一年九月の総裁選に出馬せず、岸田文雄が立候補して、当選した。一〇月四日に首相になったばかりの岸田は一一月三日、東京・シェーンバッハ・サボーで開催された一年ぶりの「全拉致被害者の即時一括帰国を求める国民大集会」で挨拶した。全国各地から集まった八〇〇名がそれを聞いた。

拉致問題は、岸田内閣の最重要課題です。先日、総理官邸で拉致被害者ご家族の皆様とお会いし、「なんとしても結果を出してほしい」という切実な思いを改めて心に刻ませていただきました。拉致被害者のご家族もご高齢となる中、拉致問題の解決には一刻の猶予もありません。私の手で必ず拉致問題を解決しなければと強く考えているところです。

拉致問題の解決のためには、国際社会の理解と協力を得ることも不可欠です。私は総理就任以来、各国首脳との会談において、拉致問題の解決の重要性を必ず訴え、理解を得ています。総理就任の翌日には、米国バイデン大統領との電話会談をおこない、拉致問題の即時解決に向けて米国側の理解と協力を求め、バイデン大統領の支持を得ました。今後、米国を訪問する際には、諸懸案の中でも特に一刻の猶予もない拉致問題の解決の重要性について、改めて首脳間で理解を深めたいと思っています。

同時に、わが国自体が主体的に動き、トップ同士の関係を構築していくことが極めて重要でもあります。このため、私は条件を付けずに金正恩委員長と直接向き合う決意です。日朝平壌宣言に基づき、拉致問題の諸懸案をしっかりと解決し、その上で、不幸な過去を清算して、北朝鮮との国交正常化を目指していく、こうした方向性をしっかりと念頭に置きながら、あらゆるチャンスを逃すことなく、全力で行動してまいります。(6)

全国から集まった人々はこの空しい言葉をどのように聞いただろうか。

四日後、岸田首相は国会の開会にのぞみ、所信表明演説をおこなった。「拉致問題は最重要課題です。全ての拉致被害者の一日も早い帰国を実現すべく、全力で取り組みます。私自身、条件を付けずに金正恩委員長と直接向き合う決意です」[7]。その言葉は二人の前任者、安倍、菅両首相の言葉と寸分違わなかった。聞いている議員たちはそれが実行するつもりのない言葉であることを理解していた。岸田首相にできることは自分の胸にブルーリボン・バッジをつけるだけだということも先刻承知のことであった。岸田も「自由で開かれたインド太平洋」を主張した。朝鮮半島と日本海、東北アジアから逃げ出して、南進して、南の海から米国とともに中国に対して圧力を加える方向に進むつもりなのだ。

そして国民の安全、日本の平和は核兵器で武装した隣国との完全なる敵視、敵対の中に投げ込まれているのだ。

註
(1) 朝鮮中央通信、二〇一七年三月七日。
(2) 朝日新聞、二〇一九年五月一七日。
(3) 同右、二〇一八年九月一五日。
(4) 読売新聞、二〇一九年一月二八日。

（5）朝日新聞、二〇二〇年一〇月二七日。
（6）救う会全国協議会ニュース、二〇二一年一一月一五日。
（7）朝日新聞、二〇二三年一〇月九日。

日朝関係・国交交渉略年表

1945	8.15 日本降伏，植民地支配の終わり，朝鮮解放.
1948	8.15 大韓民国建国. 9.9 朝鮮民主主義人民共和国建国.
1950	6.25 朝鮮戦争開始.
1953	7.27 停戦協定調印.
1965	6.22 日韓基本条約調印.
1977	11.15 横田めぐみ拉致される.
1984	7.4 日韓連帯市民キリスト者声明，植民地支配反省謝罪の国会決議採択を要求.
1985	5 ボン・サミット時の日米首脳会談で中曽根首相，たすき掛け承認（クロス承認）を提案.
1987	6 韓国民主革命. 11.29 大韓航空機爆破事件，金賢姫逮捕.
1988	3.26 橋本敦共産党議員，拉致問題で国会質問. 7.7 盧泰愚大統領「七・七宣言」. 外務省，「政府見解」. 9.8 宇都宮，隅谷，安江，和田ら，朝鮮政策の改善を求める要望書.
1989	1.20 日本政府外務省発表「わが国の朝鮮政策について」. 3.1「朝鮮植民地支配の謝罪・清算を求める国民署名運動」開始. 3.30 衆議院予算委で日朝国交正常化について村山富市質問，竹下総理答弁.
1990	9.24 金丸・田辺代表団訪朝. 9.28 三党共同声明.
1991	1.30 第1回日朝国交正常化交渉本会談開始.
1992	11.5 日朝交渉第8回本会談決裂.
1993	8.4 河野洋平官房長官談話. 8.9 細川連立政権誕生.
1994	6.15 カーター訪朝，米朝戦争回避. 6.30 村山富市三党連立内閣誕生. 7.8 金日成主席逝去. 10.21 米朝枠組み合意.
1995	3.28 連立与党訪朝団訪朝（渡辺美智雄団長）. 6.9 戦後五十年国会決議. 8.15 戦後50年村山総理談話. 10.3 第2次日朝コメ協議. 20万トン供与で合意. 11 佐藤勝巳ほか「加藤紘一幹事長は北の操り人形か」,『文藝春秋』12月号.
1997	1.25 佐藤勝巳，横田めぐみ拉致を発表. 3.25 北朝鮮による

	拉致被害者家族連絡会結成（代表横田滋）．4.15 拉致議連発足（会長中山正暉）．10.4「北朝鮮に拉致された日本人を救出する会」，東京で結成（会長佐藤勝巳）．11.8-14 日本人配偶者第一陣里帰り．11.11-14 森連立与党訪朝団訪朝．
1998	4 救う会全国協議会結成（会長佐藤勝巳）．10.8 小渕・金大中「日韓パートナーシップ宣言」．
1999	12.1 村山富市団長の超党派議員団訪朝．
2000	1.4 北，イタリアと国交樹立．4.4-9 日朝交渉第9次会談，8年ぶりに再開．4.4 小渕内閣総辞職，森首相となる．5.8 北，オーストラリアと国交樹立．6.13-15 金大中訪朝，南北首脳会談．7.3 日朝国交促進国民協会設立．8.21-24 東京・千葉で日朝交渉第10次会談．10.9-13 趙明禄訪米．10.23 オルブライト米国務長官訪朝．10.30-31 北京で日朝交渉第11次会談．11.30-12.5 国民協会訪朝団訪朝，村山団長ら，金永南委員長と会談．12 和田春樹「「日本人拉致疑惑」を検証する（1）」『世界』2001年1月号．12.12 北，英国と国交樹立．
2001	1 シンガポールで中川秀直前官房長官と姜錫柱第一次官，秘密会談．2.1 北，カナダと国交樹立．3.1 北，ドイツと国交樹立．4.26 森退陣，小泉首相となる．5.1 金正男不法入国事件．9.11 ニューヨークその他で同時多発テロ．9.19 よど号事件関係者の元妻八尾恵，有本恵子を拉致したと話す．11 田中均外務省アジア大洋州局長，北朝鮮側と秘密交渉開始．12.22 東シナ海で海上保安庁巡視船，北工作船を砲撃，沈没させる．
2002	1.29 ブッシュ大統領一般教書演説，「悪の枢軸」発言．3.12 警察庁，有本恵子拉致を認定，拉致疑惑事件8件11人．4.25 新拉致議連設立，会長・石破茂．5 ワールドカップ2002開幕．7.15 和田春樹『朝鮮有事を望むのか —— 不審船・拉致疑惑・有事立法を考える』彩流社．8.25-26 平壌で日朝局長級会談．8.30 小泉首相の9月訪朝発表．9.17 小泉首相訪朝，日朝首脳会談，日朝平壌宣言．金正日，拉致謝

	罪，13人拉致，8人死亡，5人生存通告．9.18 救う会単独声明「死亡とされた8人は生きている可能性が高い」．9.27 小泉首相，家族会と初めて会う．9.30「日朝間における真の和解と平和を求める緊急声明」（板垣竜太ら500名署名）．10.1 齋木参事官ら帰国，拉致被害者報告書提出．10.3-5 ケリー国務次官補訪朝．10.8 北朝鮮，5人の一時帰国を発表．10.9 関係閣僚会議，生存者の「一時帰国」受け入れと国交交渉再開を決定．10.15 拉致被害者5人帰国．国民協会初声明．10.24 5人を帰さないという政府方針決まる．10.29-30 クアラルンプールで日朝交渉第12次会談，決裂．11.24 全国協議会特別研修会で佐藤会長の講演．12.1 佐藤勝巳『拉致家族「金正日との戦い」全軌跡』小学館文庫．12.10 衆議院安保委員会で佐藤勝巳，フォラツェン，和田春樹らが参考人陳述．12.21 国民協会シンポジウム「どうなる日朝国交交渉」．
2003	1.26 家族会で横田滋訪朝希望承認されず．2 田中局長宅ガレージに右翼団体，爆発物をおく．
2004	4.22 北朝鮮・龍川で爆発事故．5.22 小泉首相再訪朝，日朝首脳会談，二家族の子供たちを連れて帰る．拉致家族会，首相を激しく非難．5.29 龍川爆発事故被災者救援代表団（和田・藤沢房俊・中村輝子）出発．6.15 蓮池薫夫妻，横田めぐみ両親にめぐみさんについて報告．11.9-14 藪中局長訪朝，実務者協議，めぐみさんの骨持ち帰る．12.8 細田官房長官記者会見，骨は横田めぐみさんのものではないと発表．12.24 日本政府報告書「安否不明の拉致被害者に関する再調査」，8人死亡を裏付けるもの皆無と細田長官発表．
2005	5 国民協会パンフレット『日朝関係と6者協議』彩流社．9.15 米財務省バンコ・デルタ・アジアの北朝鮮口座閉鎖要求．9.19 第4回6者協議合意文書署名．10.31 安倍晋三，官房長官となる．
2006	3 手嶋龍一『ウルトラ・ダラー』新潮社，田中均氏を中傷．5 国民協会パンフレット『拉致問題と過去の清算』彩流社．

	6.16 北朝鮮人権法成立．7.5 北朝鮮，7発のミサイルを発射．日本政府は9項目の制裁措置を決定．9.26 安倍晋三，首相となる．9.29 拉致問題対策本部設置，安倍首相所信表明演説．10.3 日本テレビ『再会——横田めぐみさんの願い』放映．10.9 北朝鮮核実験．10.11 日本政府，追加制裁措置．12.10 北朝鮮人権侵害問題啓発週間はじまる．
2007	2.13 6者協議合意文．7.9 対北朝鮮ラジオ放送「ふるさとの風」開始．安明進，韓国で逮捕．9 福田内閣スタート．
2008	6.11-12 齋木局長，北京で北朝鮮側と交渉，合意．7 佐藤勝巳，救う会全国協議会会長解任．7.24 平和フォーラムの「日朝国交正常化連絡会」発足．8.11-12 齋木局長，瀋陽で日朝交渉，第二合意．8末 金正日脳出血．9.24 福田内閣退陣，麻生内閣スタート．12.12 国民協会連続討論「拉致問題を考える」スタート．
2009	4.25『朝まで生テレビ』で田原総一朗「外務省も生きていないことは分かっているわけ」と発言，問題化．9.16 鳩山民主党内閣誕生，拉致問題担当大臣・中井洽．11.8 NHKスペシャル「秘録　日朝交渉」，2004年の首脳会談記録を部分的にリーク．
2010	2.4 協会連続講座「朝鮮と日本」第1回．3.30 この日をもって番町会館内国民協会事務所を閉鎖．5.10「韓国併合」100年日韓知識人共同声明．6.8 鳩山退陣，菅直人内閣スタート．7.20-23 中井拉致問題担当大臣，金賢姫を日本に招待．8.10 韓国併合100年菅直人総理談話．9.30 蓮池透・和田・菅沼光弘・青木理・東海林勤『拉致問題を考えなおす』青灯社．11.23 延坪島砲撃事件．12 和田『これだけは知っておきたい日本と朝鮮の一〇〇年史』平凡社新書．
2011	2.5 横浜市での政府主催集会で横田滋氏，拉致交渉を要求．3.11 東北大地震．3.25 北朝鮮赤十字の見舞金10万ドル届く．4.5 日本制裁延長決定．5 ウィキリークスの齋木発言暴露．6.15 日朝国交正常化推進議員連盟再生（衛藤征士郎会長）．8 城島光力，北に遺骨問題を提起．9.2 菅退陣，野田内

	閣スタート．12.17 金正日死去．
2012	2.3 全国清津会の正木事務局長らが，外務省に墓参訪朝を願い出た．7.31 国民協会副会長・三木睦子逝去．8.9-10 遺骨，墓参に関する日朝赤十字協議．8.29-31 北京で課長級予備協議．9.13 日朝平壌宣言10周年全国集会開催．10.9 北朝鮮地域に残された日本人遺骨の収容と墓参を求める遺族の連絡会（北遺族連絡会）結成．10.22 北遺族連絡会の墓参団の第1回出発．10.30 民主党事務局長訪朝．11.15-16 政府間協議，ウランバートルで開催，杉山局長，宋日昊と会談．12.26 野田民主党政権去り，安倍第2次政権発足．
2013	1.25 拉致問題対策本部改組が決定，原型復活．1.28 安倍首相所信表明演説．1.29 政府・与野党拉致問題対策機関連絡協議会設置．2.12 北朝鮮第3回核実験．5.14-18 飯島内閣官房参与訪朝．
2014	1.25-26 伊原局長，小野課長，ハノイで日朝秘密交渉．3.3 瀋陽で日朝赤十字会談．3.10-14 ウランバートルで横田夫妻，キム・ウンギョン一家と面会．3.30-31 北京で伊原局長と宋日昊大使が正式に第2回政府間協議．5.28 ストックホルム合意成立．7.4 北，特別調査委員会設置発表．10.7-13 日朝交流学術訪問団（団長和田春樹）訪朝．10.28-29 平壌で日朝交渉．
2015	3.26 総連副議長の次男，マツタケ密輸容疑で逮捕．3.30 日本政府，制裁を延長．7.3 安倍首相，北が調査報告延期を通告と発表．
2016	1.6 北，第4回核実験．2.10 日本政府，制裁を全面復活．2.12 北，日本がストックホルム合意破棄を宣言したので，調査委を解体すると発表．9.9 北，第5回核実験．
2017	3.7 北ミサイル発射を在日米軍基地攻撃部隊発射と発表．9.3 北，第6回核実験．9.19, 21 トランプ，安倍国連総会演説．10 和田『米朝戦争をふせぐ――平和国家日本の責任』青灯社．11.5-8 トランプ大統領，訪日，訪韓，韓国国会で演説．11.29 北，火星15号発射，「核戦力完成」と宣言．

2018	1.1 金正恩，新年の辞．2 平昌オリンピック．4.27 南北首脳会談，板門店宣言．6.12 シンガポールで米朝首脳会談，米朝共同声明．11 和田『安倍首相は拉致問題を解決できない』青灯社．
2019	1.28 安倍首相所信表明演説．2.27-28 ハノイで第2回米朝首脳会談，決裂．
2020	6.16 北，南北共同連絡事務所を爆破．9.16 安倍首相退陣，菅官房長官，後任首相となる．
2021	4.29 日朝国交交渉検証会議第1回，報告和田「2002年、われわれの敗北、日本政府の失敗」．9 菅退陣，岸田総裁選勝利．10.4 岸田首相となる．10.11 立民党生方議員，横田めぐみ死亡を語り非難をあびる．10.12 公認取消．
2022	2.27 ウクライナ戦争開始．7.8 安倍晋三暗殺さる．

ちくま新書
1680

日朝《にっちょう》交渉《こうしょう》30年史《ねんし》

二〇二二年九月一〇日 第一刷発行

著者 和田春樹(わだ・はるき)

発行者 喜入冬子

発行所 株式会社 筑摩書房
東京都台東区蔵前二-五-三 郵便番号一一一-八七五五
電話番号〇三-五六八七-二六〇一(代表)

装幀者 間村俊一

印刷・製本 株式会社 精興社

ISBN978-4-480-07507-9 C0231